U0369774

VI HORAE

# 我对《黑皮书》事件的态度

## 特拉夫尼《海德格尔与犹太世界阴谋的神话》读记

墨哲兰　著

华东师范大学出版社

华东师范大学出版社六点分社　策划

本书由上海文化发展基金会图书出版专项基金资助出版

关注中国问题

重铸中国故事

"反犹太罪"底临界状态

# 缘　起

在思想史上,"犹太人"一直作为一个"问题"横贯在我们的面前,成为众多问题的思考线索。在当下三千年未有之大变局中,最突显的是"中国人"也已成为一个"问题",摆在世界面前,成为众说纷纭的对象。随着中国的崛起强盛,这个问题将日趋突出、尖锐。无论你是什么立场,这是未来几代人必须承受且重负的。究其因,简言之:中国人站起来了!

百年来,中国人"落后挨打"的切肤经验,使我们许多人确信一个"普世神话":中国"东亚病夫"的身子骨只能从西方的"药铺"抓药,方可自信长大成人。于是,我们在技术进步中选择了"被奴役",我们在绝对的娱乐化中接受"民主",我们在大众的唾沫中享受"自由"。今日乃是技术图景之世界,我们所拥有的东西比任何一个时代要多,但我们丢失的东西也不会比任何一个时代少。我们站起来的身子结实了，但我们的头颅依旧无法昂起。

中国有个神话，叫《西游记》。说的是师徒四人，历尽劫波，赴西天"取经"之事。这个神话的"微言大义"：取经不易，一路上，妖魔鬼怪，层出不穷；取真经更难，征途中，真真假假，迷惑不绝。当下之中国实乃在"取经"之途，正所谓"敢问路在何方"？

取"经"自然为了念"经"，念经当然为了修成"正果"。问题是：我们渴望修成的"正果"是什么？我们需要什么"经"？从哪里"取经"？取什么"经"？念什么"经"？这自然攸关我们这个国家崛起之旅、我们这个民族复兴之路。

清理、辨析我们的思想食谱，在纷繁的思想光谱中，寻找中国人的"底色"，重铸中国的"故事"，关注中国的"问题"，这是我们所期待的，也是"六点评论"旨趣所在。

点　点

2011.8.10

# 【序言】

## ·授课说明·

我的讲课，带有太大的猜测性质，根本原因在于，我根据的文本不是德文原文，而是中文选译。其中无论是客观上还是主观上都会有诸多的不确定因素。所以，严格地说，这不能算正式的对海德格尔《黑皮书》(事件)的有效准的回应。顶多只能算是预测性思考：既预测海德格尔《黑皮书》的思想史地位，同时又预测我的即将写作的《文革书·四批判书》的印证力度。换句话说，这纯然是我个人的思想试验：我宁愿驻足在这种预测性中。很抱歉，我的老师身份给了我这种方便。也因此，你们，在座的诸位，将来都会成为——如果你们继续走在思想史路上的话——这次试验的见证人。这也是我为什么把我的讲课仅仅限定在我们这个学科点的研究生范围的原因。①

开始讲课前,我还想到三个"预设",试简单界定:

**一、如果我是犹太人,我会怎样看待海德格尔的《黑皮书》?**

一般而言,作为犹太族对二战"屠犹"、"反犹"已没有"宽恕"的权利:600 万亡灵作证。甚至它影响到犹太人个人,也没有这种"宽恕"的权利,如小说《朗读者》(电影《生死朗读》)一书的结尾。

正因为此,仍有个人几乎是挣扎出来提出"宽恕"的例外。比如,有一本书原名《向日葵》,后改名《宽恕?! ——当今世界 44 位名人的回答》,作者犹太人西蒙·威森塔尔;还有一个犹太人,哲学家雅克·德里达,临死前专门讲到真正的"宽恕",不是对"可宽恕"的宽恕,而是对"不可宽恕"的宽恕。

**二、作为中国人,应该怎样读《黑皮书》?**

我们跟随希腊罗马以降嬗演至今天欧美为代表的西方,至少 120 多年了。所谓启蒙教育,就是"双重缺位"的教与学。一方面,教的人,包括西方最善意的学者、作家,不用提政

---

① 海南大学社会伦理思想研究所 2013、2014、2015 三届研究生。于 2015 年 9 月中旬开始讲授。

治家和神学家了,历来大都自居为普世者、自居为真理的化身向非西方人传授"真理即服从"的知识("吾爱吾师,吾更爱真理");因他们的进化论知识学形态(包括基督教一神论)先验地判明了非西方文化为"本土的"、"传统的"、"落后的"从而不言而喻地先行剥夺了非西方文化的存在意义。另一方面,学的人,具体为我们中国人,接受西方启蒙思想就是倾空自己"全盘西化"。话句话说,甘心自己乃至本民族文化之"缺位"乃至"失位"状态,仿佛非如此不足以成其为"西方人"那样的"现代人"。如此"双重缺位"的结果可用中西两个成语对勘:"邯郸学步"与"阿基里斯追不上龟"。

但事实上这是失败到丧失灵魂的"失败者幻象"! 因为根本没有西方标榜的什么"普世真理"或"普世价值",连"一神论"都不是,更何况"形而上学本体论"。① 既然"哲学是希腊特有的"(海德格尔语)就应该按"特有的"方式对待。所以,中国人在此类问题上应该有中国人看待"特有"方式的眼光及其叙事能力。首先应该做到的是"正名"——还原事实本身。我的"读记"旨在提供一个例证!

这是一个开始,告别西方哲学普世独断而用中国的叙事方式说话。

**三、《黑皮书》之于个人的宿命感**

没有《文革书·四批判书》的准备,我不会对《黑皮书》做

---

① 请参阅墨哲兰《如何重写西方哲学史?》。

如此强烈的反应。也正因为恰恰有了这种准备,《黑皮书》之"黑"才与我的命符"你是世界的光,我却在黑暗里走"相关,遂成为我的教学生涯的"最后一课"。

### ·读记开场白·

我为什么要涉及海德格尔《黑皮书》事件?

而且一定要赶在我见到《黑皮书》德文版和中文译本之前,将彼特·特拉夫尼《海德格尔与犹太世界阴谋的神话》(靳希平精选译文)作为范本逐段导读,以对"海德格尔事件"表明我的态度。为什么?

我不是没有担心的。德国人对"反犹太罪"几乎到了"谈虎色变"的神经质地步,读一读彼特·特拉夫尼文章的语气就感受到了。西方主要大学报刊媒体迅速掀起声讨大潮。北京大学哲学系以中国首席大学身份一马当先地响应,声势空前。

我为什么还是要讲?

我研究西方哲学凡五十年,讲授西方哲学三十年。察觉到了许多带根本性的问题。等到我完成三本主要哲学著作《形而上学的巴比伦塔》下篇"重审形而上学的语言之维"、《西学中的夜行——隐匿在开端中的破裂》、《偶在论谱系——西方哲学史的阴影之谷》①,打算完成我的最后著作

---

① 还有一本"后哲学叙事集"《古今知识形态学的轮回》,即出。

《圣器与碎片——谁是文革遗嘱的执行人?》时,人逾古稀,"从心所欲不逾矩",突然发觉写文革的初衷消失了:不再写"一个人的文革",不再写"十年文革史",也不再写"文革话语的日常语义分析",而是决定"把文革放进'整个世界历史进程'中去"。这也绝非偶然。

于是,我的"文革书"变成了《四批判书》(2012年):

第一批判:西方形而上学史批判

第二批判:西方启蒙思想批判

第三批判:西方马克思主义批判

第四批判:中国传统思想及其西方启蒙转型批判

近四年,写了前三批判"小样"即主要思路线索:

第一批判:《如何重写西方哲学史?》(2013年)

第二批判:《古今知识形态学的轮回》(2015年2月)

第三批判:《马克思历史唯物主义的三重身份》(2015年5月)

恰好这个时候,传来了海德格尔《黑皮书》发表及其世界性声讨浪潮,声讨海德格尔的"反犹太主义"及其"存在史地形学"思想。

(按:所谓"传来了"是我永远慢半拍的生活节奏。所以它不是外部世界的时序,而是传到我的感觉中来的"我的视域"时间值。)

我读了"传给我的"北京大学牵头翻译和批判的相关文章,其他声讨文章不必说了,德国乌帕塔大学"海德格尔研究所"主任、海德格尔《黑皮书》编辑者彼特·特拉夫尼教授写的批判专著《海德格尔与犹太世界阴谋的神话》引起了我极大的注意,大体知晓了"反犹太主义"与"存在史地形学"的内容,及其批判的"要害"之所在。

为正视听以受检验,我愿意先道出异同。我与特拉夫尼教授的观点存在着很大的差异。而在"存在史技术追问"上以及"存在史地形学"之纯粹意义上,我是站在海德格尔一边的,在西方思想史上能有海德格尔这样一位大思想家从内部指出哲学神学形而上学的病根而断言其末路的终结,真第一人也,令我由衷地敬佩!仅在其"具体存在史叙事"上,我才与海德格尔分道扬镳,因为我对"犹太人问题"的看法明显地在海德格尔视野之外。

但我仍然尊重特拉夫尼先生的态度,他作为"海德格尔研究所"主任、海德格尔《黑皮书》编辑者,能如此谨慎而坦诚地表明如此态度,我愿向他表达由衷的敬重!

特拉夫尼先生说:

　　下面的思考所遵循的解释路线,完全与辩护无关——尽管海德格尔的著作的确需要辩护。以下的解读遵循着已经提到的污染、错合的过程，因此，其中所表达的一些判断可能会是片面的，也可能是完全错误的。以后的讨论可能会驳倒或者更正我的解读。如果这种情况发生，最高兴的首先是我本人。

虽然我与特拉夫尼先生的观点不同，但态度却是完全一致的：

本文中所表达的一些判断可能会是片面的，也可能是完全错误的。以后的讨论可能会驳倒或者更正我的解读。如果这种情况发生，最高兴的首先是我本人。

# 【正文】

**题词**

作德国人,就意味着:把西方历史最内在的重担,掷于自己面前,并扛到肩上。

马丁·海德格尔《思索(七)》

妈妈,你是否还和从前在家时一样,

能领受这轻柔的、德语的、痛苦的诗韵?

保罗·策兰,《墓畔》

## 【读记1】 "题词" 二则

妈妈,你是否还和从前在家时一样,

能忍受这轻柔的、汉语的、痛苦的诗韵?


对自己民族的苦难一如既往地爱,以致语言痛苦的诗韵都在内心撩起轻柔的爱怜,现在,还有这样的诗人吗?

海德格尔无非用哲学的语言表达了策兰的诗,但已是在"叙事的招魂"中了。

如此心魂呼应的两份题词摆在文章的开篇……

特拉夫尼,可是有心人?①


## 第一节 "导论:一个需要修正的论题"


(1) 对犹太人诋毁污蔑;

(2) 把犹太人视为一般的敌人形象;

(3) 对犹太人进行孤立化,包括职业禁忌、设立犹太居

---

① 从"题词"进入,确有此印象。往后就难说了。写"读记"之前,我没有通读特拉夫尼全文,为的是让我边读边进入而保持当下读时的感觉,还有一种像读海氏著作的愿望,看我阅读时的理解能否跟进甚至预测一致而不会出现意外,如果出现意外,我会反复思考意外的差距是如何产生的。这几乎是我平生重要"阅读-读记"的习惯。故有座右铭"初读深思"。

住区、集中营等；

（4）驱逐——强迫移民；

（5）最终导致肉体灭绝：集团式迫害、大屠杀、大规模的毒气室杀戮等；

（6）"今天还可以加上，把犹太人作为'犹太人'进行特征刻画，也是反犹的。"

原文"导论"以此"反犹太罪"六条定了一个标尺，海德格尔原来的"存在史"叙事便如此"修正"为"反犹太罪"或"反犹太主义"样式。

## 【（4）读记2】"反犹太罪"定性六条

"你们中间谁是没有罪的，谁就可以先拿石头打她。"

《新约·约翰福音·8》

中国人不得不思的前提之问：

为何形成如此定性？仅仅是二战事实推罪吗？

**甲："二战中德国纳粹主义对犹太人屠杀……"**

**乙："二战中日本军国主义对中国人屠杀……"**

甲乙两个事实陈述同时为真,为什么在其事实的意义推罪上和后果的罪责追讨上存在着如此巨大的差异?①

甲,意义推罪为"反犹太主义",其严重程度对德国人说来几乎构成"恐惧症"等病态情结。你读读下文彼特·特拉夫尼对"反犹太主义"词语的反应便知:

> 它能带来毁灭性后果:无论是谁,只要是反犹主义者,无论在道德上,还是在政治上,就彻底完蛋了,特别是在对犹太人的大屠杀之后。

**德国纳粹对犹太人的"大屠杀"手段之残忍空前令"西方理性"无地自容:"不仅使'诗'丧失理由,连'人'存活也丧失理由"(阿多诺语)。故而,必须将"西方理性"底责任承担完全归罪于"纳粹"独自承担而使之成为"例外"。这是走出西方"理性危机"的唯一路径,遂可名之为"理性战胜"。**

因为,欧美的殖民主义历史同样有类似的种族大屠杀,需

---

① 暂不加入"中国人问题"干扰本文"犹太人问题"方向。但既已提出,应立此存照:(1)中国原是独立大国(犹太人只作"族群"分散欧洲各国之中);(2)中国近代以来至二战已沦落为半殖民地国家,二战后已不容许日本独自鲸吞中国,因而留下欧美殖民各国觊觎瓜分中国之可能,故不可能对中国筹划独立之支持(对犹太人则不同,它是欧美帝国主义深谋远虑之另类安排);(3)日本始终成为美国钳制中国的手段(正如犹太人将担负钳制德国和阿拉伯世界的手段一样);(4)中国人战后选择的是社会主义方向之复兴道路,与犹太人先声夺人之道德优势立资本主义国家完全不同;(5)德国与日本战后,在欧美战胜各国筹划的世界格局之作用也完全不同。

要清算吗?[1]

历史是割不断的。今天仍有作家论著,试以二例为证。

《民主的阴暗面　解释种族清洗》。作者迈克尔·曼。"前言"开宗明义:"看一下三位历史杰出人物曾说过的话吧。我们往往把托马斯·杰斐逊总统视为启蒙理性的化身。实际上,正是以文明进步的名义,他宣称,美国印第安土著的'粗鄙行为''使根除成为正当'。一个世纪以后,西奥多·罗斯福,一个体面的现代人,当说起印第安人时也持同样态度,'根除最终是有益的,一如其不可避免'。又 40 年后,第三位领导人说,'是伟大与崇高之神发出的咒语让德国必须踏过死人的尸体以创造新的生命'。这位就是党卫军首脑海因里希·希姆莱,他被恰当地视为恶的化身。**但他与他的同僚阿道夫·希特勒可以说仅仅是在追随美国人的脚步。正如我欲在此证明的,蓄意谋杀的种族清洗已是我们的文明、我们的现代性、我们对进步的看法,以及我们引进民主的尝试中的一个核心问题。它是我们未被看见的一面。**"[2]

《民主欧洲的犯罪倾向》( *The Criminal Inclinations of Dem-*

---

[1]　参阅犹太人艾瑞克·霍布斯鲍姆《帝国的年代:1875—1914》贾士蘅译,江苏人民出版社 1999 年。书第 16 页记载:"对土著印第安人三种办法:赶到保护区、种族灭绝、不属于政治群体的少数人。因而,1890 年时,美国 6300 万的居民中,只有 23 万印第安人。"

[2]　迈克尔·曼《民主的阴暗面　解释种族清洗》严春松译 中央编译出版社 2015 年第 1 页。重点系引者所加。

*ocratic Europe*）。作者让－克劳德·米尔纳（Jean-Claude Milner）在书中通过一番细致而严密的分析提出了一个简单而大胆的观点。1945 年后,欧洲能够实现和平民主融合只有一个原因:因为纳粹成功地实施了种族灭绝政策,**欧洲已摆脱长期以来妨碍他实现梦想的族群——犹太人**。一个无国界的欧洲实际上意味着政治消解(政治始终事关有限的整体性),进入以无限性为原则的社会领域。**现代民主代表着通过现代社会特有的无限性法则实现对政治界限的破坏。最能服务并代表这一超越所有界限的意志的就是科学技术**。如今,借助遗传基因操控和人工授精,繁殖和婚姻关系法则对人类而言已经变得可有可无,技术的力量可谓达到新的顶峰。欧洲民主就是带有这种欲望的社会模式。按照米尔纳的说法,为了实现目标,它必须摆脱那些其生存原则本身就是血缘和传递的族群,该族群的名字指向这一原则,他们的名字就是犹太人。米尔纳认为,这正是种族灭绝带给欧洲的东西,而种族灭绝之所以能够得以实现,还是因为一个与民主社会原则同根同源的发明,即毒气室这项技术的诞生。他的结论是:**民主欧洲脱胎于种族大屠杀,它遵循自身欲望想要犹太国家接受它所制订的和平解决冲突的条件,这些条件意味着将犹太人赶尽杀绝**。①

---

① 引自《民主之恨》（Hatred of Democracy）,作者雅克·朗西埃（Jacques Rancière）,翻译杜可柯。重点系引者所加。

　　两本书都有详尽的事实论证:**西方民主为何自始至终伴随着非我族类的种族灭绝?** 作为西方文明开端的**古希腊雅典民主**可谓"始作俑者"——内部奴隶制与外部殖民地乃民主基础沿传至今:伯罗奔尼撒战争中雅典人对弥罗斯人就施行了种族灭绝;近现代以来,欧洲民主打着启蒙的旗号向外扩张,一直伴随着对非西方人民的殖民掠夺与帝国战争,"种族灭绝"便成其为核心。**如果《民主的阴暗面》说的是"从来如此",那么,《民主欧洲的犯罪倾向》则说到了"将来也如此"。**

　　根据确凿:"与科学技术同根同源的"、具有"个人单子化及其欲望无限性法则"的"民主欧洲"或"欧洲民主",必欲对"犹太人"赶尽杀绝。

　　中国人尽管与犹太人有"神/道"之别,但在"那些其生存原则本身就是血缘和传递的族群,该族群的名字指向这一原则,他们的名字就是犹太人"——"中国人"也是啊:"神性"是犹太民族的族群之"体","德性"是中华民族的族群之"体",是不是也在"世界民主"进程必须"摆脱"、"灭绝"的"黑名单"之内?

　　可惜,还不知道他们来不来得及,因为"螳螂捕蝉,黄雀在后"——"世界民主"进程需要的"个人单子化"之"无限性法则"向前推进时,"科学主义"比"世界民主"跑得更快,像苏格拉底在雅典公诉之"申辩"中说的"死亡比罪恶跑得更快"——"超人工智能"将全人类"大过滤"了——"进化论即末世论":这来自犹太一神的诅咒可是当真? ……

二战历史能够割裂于西方民主与殖民的历史吗?

话说回来。

"'反犹太罪'定性六条"之六,"今天还可以加上……"(2015年)这个做法,太可疑了! 你来一个"今天还可以加上",别人是否也来一个"今天还可以加上"?

前五条是一个整体(各自侧重不同但必须相互印证),属于二战特定时期。犹太人遭到纳粹代表的欧洲"反犹势力"集中屠杀600万犹太人的惨景,无论在什么意义上恢复犹太人的尊严、抚平犹太人的创伤,都是应该的。但必须界定时域。二战后的纽伦堡审判及其余绪,也当然会有一个尾声,但不是无休止的"今天还必须加上"地一直下去。此其一。

否则,莎士比亚就是典型的"反犹分子"——他至少犯了第六条:把犹太人作为'犹太人'进行特征刻画"。第一条、第二条,也难脱嫌疑。

事实上,离开了特定时域场景,"反犹太罪"就会成为一桩"特殊罪名",与历史上的"反基督教罪"、"反共产党罪",同质。这就离奇了! 似乎"犹太人"或"犹太族"成为"罪与非罪的试金石",西亚地区"特选子民"就真的成了地球人类"特选子民"。这无疑埋下"捧杀"的恶果,祸兮福兮? 预谋就在其中也难料定。谁又在玩弄挑动族群斗族群的把戏?

一、二、六,三条基本属于观念言辞上的,其界限相当含混,如果完全与实际后果、实施后果、事实后果无关,仅凭孤立的言辞做"反犹太人"推罪,恐怕误伤范围就太大了。此其二。

所以,既要限定时间范围,还要分割澄清言辞与事实的前因后果,除此两条界限,还要有一条界限防范,看言辞归属的"语境"是指控犹太人罪性的,还是非罪性的其他理论性思考,等。此其三。

这三条界定能严肃分清"反犹太人"之罪与非罪。遂而才能避免人们任意上纲上线、罗织罪名,或以言治罪。

还不止于此,恐怕,"反犹太罪"六条云云,原委远非如此简单,即,不是一个从二战纳粹屠杀 600 万犹太人罪行之后续的"肃清余孽、消除影响"的收尾工程。像小说《朗读者》或电影《生死朗读》中所补叙之事。事实上,特拉夫尼"今天还可加上"一条:除了写进六条的"把犹太人作为'犹太人'进行特征刻画"之外,还有放在著作标题上的"第七条"——"犹太世界阴谋"——它已经远远超出了"犹太人的特征刻画"。特拉夫尼论述的海德格尔《黑皮书》"存在史叙事"已经关涉甚至落脚到"犹太世界阴谋"了,即"第七条"罪:"存在史地形学"式的"犹太世界阴谋"之"反犹太罪",而且基于一个无法坐实的《锡安长老会秘密宣言》这一桩人类历史悬案。特拉夫尼檄文真的想这样定"七宗罪"?

这太不可思议了! 原来二战中柔弱到任纳粹"摆布"、"宰割"甚至安静地走进"毒气室"、送进"焚尸炉"的犹太人,如何被海德格尔描述为有能力操纵"世界阴谋"的"犹太世界集团"("世界犹太人联盟")?①

## 【(7)读记3】"存在史的反犹主义"

"存在史的反犹主义"( seinsgeshichtlicher Antisemistis-mus),这个概念是《黑皮书》中的"海德格尔用语",还是批判者凭理解而"引入的概念"?

从特拉夫尼的用词上看,只能是外人"引入"加之于海德格尔《黑皮书》上的。所以,特拉夫尼才强调:

> 引入"存在史的反犹主义"这个概念必须谨慎。

但海德格尔又的确"向'存在史的反犹主义'打开了思想之门","这点显然是不容置疑的。当然,一切取决于,如何界定'存在史的反犹主义'这个概念下我们所理解的内容。"这的确是一个"难解之谜"。"这个难解之谜迫使我们面临进一步的问题:海德格尔的整个哲学,是否与反犹哲学错合在一起了? 如果是,在何种程度上?"

---

① 坦诚交代,这一段是写完第三节"存在史上的反犹主义样式"三句话之"第一句话说明"的"读记"之后补加的。因为往下做读记时,发现后两句话及其"说明"的日耳曼文化史色彩太重,而且涉及太离奇的"阴谋论",它超出了我的预测,增加了写"读记"的难度。故将超出预测的"标题"痕迹补叙出来,以激励后续"读记"的完成。

特拉夫尼由此假定式推进：

> 是不是有某种反犹意识形态占据了海德格尔的思想，以至于我们必须把海德格尔哲学称为"反犹哲学"？并且，以至于我们以后必须与这种哲学保持距离，因为根本——也不可能——有一个"反犹哲学"？并且，以至于我们在几十年后不得不认识到：海德格尔思想确实不能算作"哲学"，亦非"思想"，它不过是某种可怕的迷途？

最后，特拉夫尼明确断言："我们认为，这些问题必须遭到否定，然而得到这一答案的道路却并不简单。"

## 【(8)读记4】"错合"

"错合"，这个词所带有的"粘连"有一种可以无限"浸润"、"污染"、"侵害"之类的"弥漫"性质。就像某一迹象 A 指涉了 M，M 似乎可以成为焦点反过来指涉 B、C、D、E 乃至 N。这种可能性之所以存在，或许 M 就是 A 及其同类范围的"焦点"。但更大的可能逆命题不成立，即 M 不是焦点，不可能"反过来"指涉一切。因为 A—M 的指涉关联完全可能是有条件的，只能"当且仅当"才能"A—M"。否则，各个民族历史与现实中就会屡见不鲜地"过度诠释"、无休止地"攻其一点，不及其余"，造成为所欲为地打击一大片："欲加之罪，何患无辞。"

"一切取决于,如何界定'存在史的反犹主义'这个概念下我们所理解的内容。"这个"我们"如果不抱"善良愿望"(柏拉图语)去理解"存在史的反犹主义"之"弥漫"内容呢?

## 【(9)读记5】"反犹"与"屠犹"

"反犹"不等于"屠犹"这本来就是一个原则性的推罪界限。但如果你硬是要往"语义上行"强调"语言行为主义",结论就会导致"言行一致"地"反犹"等于"屠犹"。

作者一方面肯定"不是的"。另一方面又如此反问:"当然,尽管没有证据证明,海德格尔是支持对犹太人的'有官方组织的大规模屠杀'(阿伦特语),尽管没有任何迹象表明,海德格尔知道纳粹灭绝营中发生了什么,仍然没有人可以完全排除下述可能:海德格尔曾认为,对犹太人实施暴力是必须的。"这就好像在提出一个无法证实的反驳:"尽管没有行为证据,仍然没有人可以完全排除下述可能:海德格尔心里想过。"这个"思想"即便已经表述为"对犹太人实施暴力是必须的",其"暴力"与"战争"、与"灭绝营焚尸炉大屠杀"的距离岂是可以随意跨越混淆的!

**如果非西方人也如此敏感词的用法及其粘连,西方人写的近四百年世界史就是不能卒读的!** 近来读西方人的著作,常常感受其"主人道德"下的言谈方式——其"理性"先天地隐含着"狡计",所谓"理性狡计"。甚至包括读犹太人写的近现代史著作,那种貌似中立的言述毫不隐晦也毫不掩饰地伸张着西方人的"自然正当"式"主人道德"。"进化论"成为西方"启蒙"、"战争侵略"及其"殖民主宰"的一个最重要的合理化理论:进步与落后(生产力判断),文明与野蛮(价值论判断)、主宰与臣服(政治权力甚至人种优越判断),等等,一概视为当然。例如,1875 年到 1914 年的"帝国年代",帝国侵略、殖民、屠杀、掠夺、瓜分,林林总总,在西方作家笔下都像"进化论"一样必然而自然正当地一句话带过:非西方世界无非"成为 19 世纪历史创造者的受害人"——轻描淡写以致如此。还风趣地列举了一个俏皮的例证:"有一个残忍的西方才子,以一种过分简化的口吻说:'不论发生什么事情,我们有马克辛重机枪,而他们没有。'"①

怎么样呢? 你能追讨这些打着"进化论"旗帜的"帝国主义强盗"的"大屠杀"罪行吗? 更不用说这个"残忍的西方才子"如此明目张胆又轻描淡写地说用"马克辛重机枪"杀人。他获得的却是"名垂青史"的一句"俏皮话"。用它们来定"帝国主义罪"、"殖民主义罪"岂不更理所当然!

## 【(16)读记6】《黑皮书》难道是"哲学遗书"?

"投下了一缕光明","主要是 1938 年至 1941 年间的那部

---

① 参阅犹太人艾瑞克·霍布斯鲍姆《帝国的年代:1875—1914》贾士蘅译,江苏人民出版社 1999 年。第 10 页。

分,或多或少地直接谈到了'犹太人'问题。""或多或少"究竟是多少？几页,几十页,几百页,都算"或多或少",其中的差别是不能含混的。①

"哲学遗书",没有事实证据,推测终归是推测。这种推测的动机不过是想加重《黑皮书》的分量以"盖棺论定",特别是加重那几页涉及所谓"存在史"底"反犹太主义"文字的分量。推测者自己知道这个"推测"的限度与权重就行了。

## 【(18)读记7】解释与辩护

下面的思考所遵循的解释路线,完全与辩护无关——尽管海德格尔的著作的确需要辩护。以下的解读遵循着已经提到的污染、错合的过程,因此,其中所表达的一些判断可能会是片面的,也可能是完全错误的。以后的讨论可能会驳倒或者更正我的解读。如果这种情况发生,最高兴的首先是我本人。

确论一:解释路线完全与辩护无关——尽管海德格尔的著作的确需要辩护。

---

① 2015 年 12 月 16 日补注:一星期前读到《世界哲学》2015 年第 6 期 F-W·von 海尔曼《海德格尔的"笔记本"或"黑皮书"在其著作整体中的位置》(严登庸译),其中指出:关于"世界犹太教"的文字"加起来总共才能勉强凑满两页半标准 A4 纸的篇幅,而三卷《深思》却有 1250 页之多"。

确论二:解释路线遵循"污染"、"错合"的过程,因此,其中所表达的一些判断可能会显得片面,也可能是完全错误的。以后的讨论可能会驳倒或者更正我的解读。如果这种情况发生,最高兴的首先是我本人。

这也是我要遵循的路线。

## 第二节　"一幅存在史方面的图景"

### 【(20)读记8】哲学的没落与终结

中国西方哲学研究者对希腊式哲学感受的迟慢,全然感受不到它的没落,只知道跟在一波一波新潮后面追赶唯恐新之不及。然而,早在上个世纪二三十年代,《存在与时间》成功之时,海德格尔就几乎独自承受着希腊哲学底危机,寻找着后哲学时代的"叙事-招魂"。

哲学本来就是希腊特有的,后来成为欧洲人的思想事务,但随之而分化。分化的轨迹仍以希腊的海岸延伸,愈往内陆走离希腊功能主义哲学愈远。就其"制作性"与"计算性"而言,英美人当然获得了希腊哲学特别是亚里士多德哲学的精髓嫡传直奔科学主义而去("此在"即"彼在的堕落")。等到海德格尔力图用"先行到死"的"此在"作为"基本存在者"为了唤醒久已遗忘的"存在者"之"存在"的觉悟时,法国人凭着自身的欲望激情只取向"此在"的"身体性"而欢呼哲学的下行姿态(仍是"此在"即"彼在的堕落"),径直下行到"色情体"单子化,悬置了或不如说遮蔽了"存在者"之"存在"显示的"历史召唤(Geschick,天赐之命),乃哲学终结所显示的开端征兆",也就是说,仍然在传承希腊人的身体功能性状。只有德国人,如康德还力图在"纯粹理性(主观性'真')"与"实践理性(绝对律令'善')"之间找到"判断力('想象')"的建构性衔接,开启了新古典主义给"信仰"留地盘的"知情意"整合之路;黑格尔以后起伏不定,"回到康德"的呼声还没有停歇,胡塞尔检讨"欧洲科学的危机"只为了回到"意识的内在性",继续推迟回归"存在"的脚步。换句话说,海德格尔将哲学招回到久已"遗忘存在"之"存在史"上来重新照明"存在"(只有它才能给予"此在"即"彼在的堕落"以"另类开端"之洞明幽微),但人们总是习惯计较地平线上的形而上学"存在者本体论"之"第一开端"时空形式,无休止地展现着光怪陆离的"存在者"现象,哲学派别五花八门,"不断分神,不干正事"。加上生活世界的经济危机,政治上毫无出路,最后只有诉诸暴力,即让"计算性"与"制作性"之古希腊哲学"开端即没落"领向毁灭之途。

## 【(21)读记9】海德格尔与"叙事"相遇中的"天赐之命"

1927年发表的《存在与时间》规定的任务无法完成,并不是海德格尔自身没有能力完成,而是《存在与时间》自身的问题方向仍局限在"形而上学的语言传统"中。虽然海德格尔写《存在与时间》的初衷想用"存在者与存在的存在论差异"（即非"本体论同一性"）突破形而上学，即，为了"把形而上学带到其边缘状态"，但终究受制于以"此在"即"基本存在论"为中心底形而上学语言传统的影响而不可能再沿着《存在与时间》的问题形式完成。荷尔德林的诗，激发了海德格尔存在哲学的"本土"意识，重新燃起了古希腊柏拉图挑动的"哲学与诗之争"，但海德格尔并没有站到柏拉图一边排斥诗，而是从"洞穴之喻"警觉到"柏拉图式真理"双重遮蔽之迷途（亦即施特劳斯揭示的"自然理性"物化为"科学技术"底"第二洞穴"）。与此相映，"本土之诗"（荷尔德林）让海德格尔看清了"哲学"愈来愈走向"技术计算"，正是它导致"美国主义的非历史性"式的"虚无主义"。这个时候，潜在的"本土"与"计算"的历史叙事恰好开启即终结了"诗"与"哲学"的历史叙事。

这就是"海德格尔与叙事相遇"的背景。"叙事"也就成为"后哲学"之"思想事件"。事实上，生前未发表的 65 卷《哲学论稿》，区分计算"存在者"底"第一开端"和非计算"存有（Seyn）"底"另类开端"正是其思想背景表述的"第一个形态"。

借此，我要做一个引申，概述海德格尔为什么把"存在者"看作形而上学的"第一开端"（希腊"哲学式的"），而把"存在"看作非形而上学的"另类开端"(海德格尔"叙事式的")。

**"存在者":第一开端—形而上学、技术座架、科学主义——"开端即没落"**

**"存在":另类开端—"本土性"即"存在者"之"根"——"天赐之命"**

海德格尔最初的敏感就在于古希腊开始的所谓"最高存在者"、"唯一存在者"之"计算性"——"形而上学本体论同一"(柏拉图)与"制作性"——"逻辑功能实体论结构"(亚里士多德)必然将"存在者"连根拔起而脱离"存在"的"本土性"("Seyn—本有")而进入"虚无世界性"。这是我在《存在与时间》中的感觉竟然在《哲学论稿》与《黑皮书》中得到双重见证。

特拉夫尼述说中试图理解的"真正的彼在(此在)"、"人生彼在(此在)"不可能是1927年《存在与时间》即"第一开端"中的表达,因为地平在线"第一开端"的时间是线性时间,表现为可计算性的先后秩序;它只能是1936年《哲学论稿》"另类开端"中的表达,因为"另类开端"的时空是非计算二重性的:终结即开端、到达即远逝、显即隐等。这显然是作者混淆了1927年与1936年两个不同时期的海德格尔思想所致。

即便"第一开端"出现"真正的彼在(此在)"、"人生彼在(此在)"，也根本不能作这样的理解："人生在此"应该译成"人生在彼"，似乎非此即彼的"彼在"比"此在"更能表达海德格尔 Dasein 的意思。这是误解。上述特拉夫尼指出，《存在与时间》虽然产生了巨大的成功和影响，海德格尔丝毫没有得意忘形，相反他非常清醒。"学术研究持续不断地进一步分神，不干正事，对此海德格尔愈来愈觉得不可容忍。"其中"持续不断地进一步分神，不干正事"，说的不就是欧洲到美国的哲学"分神"现状吗？其实它们都是"第一开端"中的时空展示，即"人生在世"：此在，彼在，都是地平线上的"共在"陈列。欧洲"这样"展现"人生在此(自由色情体的人本主义、结构主义)"，英美"那样"展现"人生在彼(同样自由色情体的人本主义、科学主义)"，都"共在一世"，如此而已。它们都不是海德格尔要的终结即开端的"天赐之命"。

二战的"暴力"也不是"后哲学"开端的开启，宁可说是"此在之彼在堕落"的证实，因为它恰恰不是"天赐之命"的召唤。承接上述："在海德格尔看来，外在于'天赐之命'，就是'人生的彼在(此在)'的堕落形式。后来，1945 年之后，在'虚无主义'接触的是'美国主义的非历史性'——它意味着对上述'天赐之命'的摧毁。"

我们碰到此次大规模声讨的要害，或不如说人们之所以抓住《黑皮书》那几页声讨其"反犹太罪"的要害——正从这里开始：为什么"美国主义的非历史性"恰恰是欧洲"虚无主义"的延续,犹太"计算主义"的延续,而不是什么"新大陆"的曙光?

## 【(22)读记10】第一次解读柏拉图"洞穴之喻"

在这个大课的前一半,第一次解读柏拉图的"洞穴比喻"。在解读的进程中,海德格尔强调指出,"今天尽管赐死的毒药和武器都已齐备"(海德格尔这里讲的是苏格拉底被人用毒药毒死的事情),然而却缺了个"哲学家"。"在今天",人们还能看到的,只是"优秀程度不同的好的智者","他们是为人们期待的哲学家的到来开辟道路的"。终结与开端,被哲学家的到来联系在一起:一种哲学,处于智者们坐而论道的日常学术活动的彼岸。

我不得不把这一段话重抄一遍。我不知道是不是特拉夫尼搞错了。引文中的"今天"、"在今天"——这个"今天"的时间究竟指的是苏格拉底-柏拉图时代,还是指海德格尔讲大课的1932年? 抑或海德格尔含糊其辞为了将两个时代因其"死亡逼近"相似而类比其中——"毒药与武器"啊——真是绝妙的狡智!

假设指的是苏格拉底-柏拉图时代。苏格拉底要死了,暗示着"前苏格拉底"即"早期希腊"——"思想"的终结,而"哲学"的开端有待到来。比如当时"智者"如云,而正在到来的

"哲学家"只有柏拉图、亚里士多德,他们带来了"物理学之后"即哲学形而上学:无非是逻辑地"制作"、"建构"和"由一到多(柏拉图式演绎)、由多到一(亚里士多德式归纳)"、"本相"、"最高者"、"第一推动者"如此这般地"计算"——从"神"到"物"都如此遵循"计算原则"。可是,这个"哲学"一开始就终结了("另类开端"视域)。只不过这终结的死亡过程相当漫长(形而上学期),乃至延续到了今天的终结("第一开端"视域。海德格尔为之命名,意味着"终结即开端")。这是一种理解。海德格尔本人就在这种理解中区分了"思想(家)"与"哲学(家)"。但这个理解有一个障碍:"今天尽管赐死的毒药和武器都已齐备"——苏格拉底-柏拉图时代,"毒药"倒是齐备了,何来"武器"之有? 所以,"(海德格尔这里讲的是苏格拉底被人用毒药毒死的事情)"这个解释就非常可疑了。

不如另一种解释。"今天"和"在今天",都指的是海德格尔正在开讲的 1932 年。"今天尽管赐死的毒药和武器都已齐备",说的不就是 1932 年吗!"毒药"——"批判的武器"(制作强力、隐喻);"武器"——"武器的批判"(战争暴力、明喻)。

"武器"的明喻是明摆着的,战争即将爆发。

暂时放下"毒药"的隐喻。它不禁使我想起舍斯托夫问难胡塞尔的问题:"如果'真'毒死了'善'呢?"——毒药是真,不是毒死了苏格拉底吗? 要知道"技术之真归根结底会毒死人类至善的"。如今天然。

虽然"毒药与武器"都已齐备,"然而却缺了个哲学家"。如果指苏格拉底-柏拉图时代,那就对柏拉图亚里士多德太不恭敬了,因为否认了他们是"哲学家"。海德格尔可以否认他们是"思想家"或后哲学时代的"叙事家",但不会否认他们是"哲学家"。那么,"今天"这个唯独阙如的"哲学家"是谁呢?因为"今天",到了这样的时刻,这种哲学虽然"处于智者们坐而论道的日常学术活动的彼岸",但他们毕竟开辟道路等待哲学家的到来,因为"终结与开端"是只能"被哲学家的到来联系在一起"的。这"哲学家"已经到来。那就是,以"叙事-招魂"自况的海德格尔。

## 【(23) 读记11】"叙事-招魂"

大课以"叙事的咒语(Beschwoerung),招魂,驱魔的咒语"为开场:"我们的任务:哲学思维的中断?也就是说,从'对纯在(Seyn)的'意义'(真理)之源初地追问'而来的那种形而上学的终结。我们想要去寻觅西方哲学的开端……"

"哲学思维"是一种"形而上学",它是专门由"'对纯在(Seyn)的'意义'(真理)之源初地追问'而来的"。我们的任务是"中断"它、"终结"它,为了"想要去寻觅西方哲学的开端"。也就是说,我们的任务是"关于终结和开端的叙事"。至少15年来,海德格尔一直是"把这种叙事作为'存在的历史'反复不断地加以思考"。

《存在与时间》发表后的 15 年,即到 1942 年,海德格尔一直这样思考着"存在的历史",准确地说,思考着"'存在者的历史'即形而上学史"为何是"遗忘'存在的历史'"。正因为这样思考,才能把形而上学哲学底"终结"与招魂之叙事底"开端"联系起来。

## 【(24)读记 12】"存在史"思维转向"极具革命性的欧洲历史的整个进程"

在未接触《黑皮书》之前,从《哲学论稿》(1936)看到的在"另类开端"中运作的"存在底历史"。充其量是"关于'历史地经典化了的文本'之解释学,或者关于'历史地经典化了的世界'之解释学",即,都还只能算"思想的叙事"。现在,特拉夫尼通过《黑皮书》告诉我们:"不再是"了。是什么?

"而是将其思维同实质上极具革命性的欧洲历史的整个进程紧密联系在一起。"正是这个"极具革命性的欧洲历史的整个进程"使海德格尔恍然醒悟,包括自己(《存在与时间》中的海德格尔)在内的欧洲"智者们"用以拼命说服对方的"历史立场"其实已经"僵死"! 因为,当下的"政治局势已经到了爆炸性的阶段"。"一切都给人以急迫的印象:开端必须重演。"

特拉夫尼注意到:海德格尔"已经不再局限于他自己的思想,而是突然占据了整个的世界历史,而当时在他看来,这绝非偶然"。

这是一个关键的"回到事情本身"的现象学之点:从"理论意义的解释学"转向"极具革命性的欧洲历史的整个进程"。什么东西使然? 海德格尔又做了什么样的转折? 即"计算性"与"制作性"使西方从古希腊的"功能主义"(显)进入"资本主义"(隐)到现在进入"科学主义"(显),①从而"一切都给人以急迫的印象:开端必须重演",换句话说,"开端"即"没落"已到了世界历史"毁灭"的边缘! ——这恐怕就是写作于同一时期的《黑皮书》不同于《哲学论稿》的玄机所在。

在《黑皮书》面前,特拉夫尼在明处,我在暗处。撇开批判话语,仅在理解海德格尔"思想事实"上,我们不妨做一比较:谁在杜撰假象予以批判,谁在厘清脉络予以疏导?

## 【(25)读记13】"人民与种族"

"今天我们最终还是要中断哲学思维,因为,今天,人民和种族成长到不再能承受哲学思维的程度;哲学思维只会使人民和种族的强力更加破碎,跌落为非强力。……可供选择的可能性如下:我们或者彻底与哲学断绝联系,因为,哲学处于特定的衰落的历史的终极阶段;或者因为哲学已经如此之

---

① 文中"功能主义(显)—资本主义(隐)—科学主义(显)",并非海氏术语,仅作为象征指数标示海德格尔用词及其意识的接近程度。

弱,以至于排出了继续做下去的可能性。最后,可能两种原因碰到一起:当时代的学院哲学与当时代本身一样脆弱。"

就字面上看——撇开字面下无限增补的内容——这段话几乎可以一字不改地搬到中国来描叙。事实就是如此!

字面下的内容,中国当然与德国不同。比如,海德格尔已经意识到了哲学的"技术制作与计算本质及其必然的没落并自行终结";而我们中国人特别是知识分子还在前赴后继地追随西方哲学以为时髦新潮或现代。此其一。

其二,西方哲学一方面看似给了我们知识性强力(西方功能功利属性),但另一方面归根结底又绞断了我们人民和民族对自身文化认同的根脉以至于今天都无法摆脱对西方哲学政治哲学的依赖与奴性——精神解放与创造意志始终阙如。德国自"三十年战争"后在欧洲乃至世界相对其他更强的帝国民族,恐怕不同性质与程度地感受到压抑或力量萎靡。海德格尔只是用"纯在与实存"的区分表达着"本土"与"计算"的现实关系。

此外,令我没有想到的是,德国人或如海德格尔这样的哲学家居然也有"本土性"与"世界性"的争执与焦虑!

还有,在欧洲、在西方,也有不容许谈论"人民与种族"的意识形态!到底还是在殖民主义、帝国主义的"本土-老家"上同样要求"世界性"的"意识形态一律"。真让人大开眼界!

当然,我会注意到下面就会出现的"本土与世界之争"的"反犹太主义"性质或倾向。它属于欧洲历史语境,与中国历史语境不可同日而语。

## 【(27)读记14】"关于纯在(Seyn)之历史"

按语:忍不住还是说出来,我倾向于将 Seyn 译成"存有"①,译"纯在"使人读起来有太强的黑格尔《逻辑学》开端"纯在即无"的痕迹。这个字(Seyn)本来就是海德格尔特有的:第一开端"Sein"(存在),另类开端"Seyn"(存有)。仅表示原初的区别。特别重要的理解在于,"第一开端"与"另类开端",并不单纯是时间横向序列的前后之分,而是时间交错下倾向于空间纵向显隐之别,仅仅因为现实的人如海德格尔在其不同的思想阶段侧重不同。早期侧重地平在线下的显隐关系:上"看"之时间中的"存在者(此在)",下听隐蔽其差异的"存在"。中后期以"敞开即遮蔽"的二重时空运作表示之,隐蔽的"另类开端(Seyn)"成为自己运动的主体(Ereignis,天命有成之"主述者—指涉物")。

不过,本文读记尊重译者的译法悉听尊便。

1932 年的海德格尔如是概括:"第一次开端:升起,(理念),制作性。另一次开端:生发(Ereignis)。"

---

① 也就是说,我倾向于孙周兴教授的译法。

按语:"第一次"、"另一次"的译法完全定格在横向时间序列承接中,并不符合海德格尔的意思:纵向空间显隐重迭、敞开即遮蔽运作之二重性更重要。换句话说,即便在时间中有先后之分,也仍然要注意其中必有"存在者"与"存在"之二重性显隐之别,而且不是静态的,还必然是动态的敞开即遮蔽地生发运作。所以,"第一开端"与"另类开端"之非平面重迭较为软性时空观,似妥。

对"纯在"整体历史的叙事,"把两个开端和一个被标识为'制作性'的终结联系在一起"。"两个开端"指的是"第一开端"和"另类开端"。

"第一开端":"早期希腊"冥府夜宫完整地规定着太阳的出发与返回(开端即终结),因而连肉身的巴门尼德(非柏拉图所书写的)都走着这一"女神之路",且以"冥想"为思维的本质。相对于此,"古希腊"特有的哲学"升起"了,如日中天,其太阳的光成为"自然理念"的写照,"双重遮蔽"着"自身的阴影"以及"遮蔽阴影的'遮蔽'";"冥想"变成了无休止的递夺性"辩论",于是有柏拉图的"本相"说问世。幸亏苏格拉底死了,否则,不是苏格拉底反讽柏拉图,就是苏格拉底本人陷入"苏格拉底悖论"。("理念")——这里指的大概就是柏拉图的"本相";"制作性",主要指亚里士多德高于"历史"的"诗学"、高于"自然存在"的"技术存在"即作为"逻辑学"主词的个体"实体"。它把历史的本质"制作"出来致使"历史本质"取向单一的"技术存在"——形而上学因此"开端即没落"。即,既是"被标识为'制作性'的形而上学",又是指"达到其终结的'形而上学'"。

"另类开端":"生发"(Ereignis),作为"制作"的形而上学就在这种"生发"中被起死回生了,或更确切地说,被绝处逢生了(ueber-bzw. verwunden wird)。"生发"是一个大致的(临近的)规定(Das ist eine annaehernde Bestimmung)①。特拉夫尼做了上述表达后承认,"Ereignis"是一个很难述说清楚的词。尽管海德格尔用各种方式述说它,仍然难于把握他究竟想说什么,它究竟指认什么。

德国人对此母语都深感"言不及义",何况中国人的移译。若按意义,或"天命有成"倒可接近。译成"生发"或"居有",都只能取其一点地"借代"而已。聊备一说。

## 【(28)读记15】"摩尼教式的二元对立"

特拉夫尼把海德格尔的"两个开端"看作"存在史的摩尼教式的二元对立思维方式"。令人不可思议。

我不知道特拉夫尼先生是怎么把握海德格尔终身持守"存在"之思索并力图"把形而上学带向其边缘状态"之宗旨

_____

① 此处重译。原译文:"被超越过去(克服)、被煎熬过去(挺过)。这是一个非常亲近的规定。"

的？为此，其"存在哲学"一以贯之地谋求：早期"存在者与存在之（非同一）差异"、中期"语言显隐二重性"、中后期"敞开即遮蔽之二重性运作"之展开。这样的"存在史"就已经是从早期的"第一开端（形而上学非同一之差异）"逐渐过渡到中后期"'第一开端'与'另类开端'敞开即遮蔽之二重性运作"了。它怎么可能是"存在史的摩尼教式的二元对立思维方式"？

背后的原因恐怕仍然在于如何看待"形而上学"：

首先，是像海德格尔公开说出来的"形而上学史是遗忘存在的存在者史"而必然走向"自我终结"，还是维护形而上学史的正统地位以力图克服"后现代"哲学之"碎片化"、"微型化"？说白了，如果维护形而上学永世长存，海德格尔存在史哲学就毫无意义……须知，这里的"对立"是由历史事实决定的，因为"形而上学史"事实上就坚持着固有的僵硬立场如建"通天塔"般地屡建屡毁，并由此造成"形而上学"与"虚无主义"的两极摇摆。而海德格尔的"存在史"叙述旨在走出形而上学必然终结的命运，采取的方法就是将"第一开端"的"存在者底'存在（Sein）'"之'存在（Sein）'解救出来带到其边缘状态参入"另类开端"之"'存有（Seyn）'史"运行。因而，究其海德格尔的思维方式看，恰恰不是所谓"摩尼教式的二元对立"，而是为了解除"形而上学"坚硬"二元对立"的僵持。"摩尼教式的二元对立"原本属于"形而上学"岂不贴切？怎么反倒算在了力图克服形而上学的海德格尔头上？恐怕根本原因是特拉夫尼先生没办法进入海德格尔底非形而上学之"另类开端"底"叙事-招魂"领域。

其次,其所以误解,恐怕对西方哲学史上始终伴随的"形而上学"与"虚无主义"之两极摇摆现象缺乏整体意识。也就是说,形而上学从柏拉图亚里士多德以降从来没有成立过,而虚无主义推动它的是不断脱落人的"羽毛"到今天只剩下赤裸裸的"单子个人"(计算心与色情体),离"机器人"一步之遥。海德格尔早就预感到这种结局,他力图思考的就是如何迎接西方哲学的没落与新生,但不是形而上学的重复,而是人之应有的"叙事-招魂"。正是在这个背景上,他思考着《哲学论稿》与《黑皮书》(抱歉,读了前者,未见后者)。所以,"另类开端",既是对"第一开端"的"起死回生,或绝处逢生",而领受人之"天命有成"——这就是"另类开端"准备的思维方式:临界式、悖论式、偶在式、二重式等"敞开即遮蔽"式地运作。《哲学论稿》通篇如此描述。它如何是"摩尼教式的二元对立思维方式"?

## 【(29)读记 16】"制作性"

似乎是《黑皮书》的"要害"出现了。

"制作性"首先需要解释,海德格尔如何看待"制作性"。一个时期他对"技术追问"做了非常多的尝试,归结为一个意象:"技术构架"。"构架"(Ge-stell),动名词,翻译上难免侧重:侧重动词性则译"构架";侧重名词性则译"座架",强调其固成性。它是无主体的主体,即"科技"成为架构人类的"主体"。科技"变成了开启另类场所的敌人"。

1932 年到 1941 年,甚至到死,海德格尔做梦都想象不到"近代科技"之"构架"在美国的带领下如何发展到以"弱人工智能"(已经是)—"强人工智能"(很快将是)—"超人工智能"(21 世纪下半业很可能就是)为主导的宇宙论物义论"科学主义",并迎接宇宙"第三型文明即机器人时代"的到来。

所以,他还按照他的《黑皮书》想象"'制作性'必须消失,必须自我摧毁,以便另类东西——不管是隐蔽的还是公开的——得以发生。"因这"发生"的希望使他预测:"这是发生这类事情的'最后行动':'地球自身将被炸成碎片,现在的人类将彻底消失'。但是这并不是'不幸,而是存在通过实存的霸权统治,对其最深度的损毁的第一次净化'。"

"存在通过实存的霸权统治,对其最深度的损毁的第一次净化"。这句话极容易做"语义双关"的解释:既是自己历来持守的"存在史叙事",又是"将其思维同实质上极具革命性的欧洲历史的整个进程紧密联系在一起"。

西方形而上学史自柏拉图亚里士多德之后,即便经过中世纪基督教神学,事实上就一直被"最高计算着"的"存在者"("实存")之"霸权统治"着:不管是"诸神"、"本相"、"实体"、"第一推动者",还是"上帝"、"本体",抑或是实存中的"君主"、"皇帝"、"元首"、"总统",等等等等("民主"是假象,"资

本人格化的专制"才是本质)。① 这已是不争的事实。西方形
而上学历来就是历史的现实生活之"政治神学"或"政治哲学"
支撑，或"知识权力"支撑。"思想"暴力、"词语"暴力、"政治"
暴力，都在其中（"毒药"也在其中）。尤其是"雅典帝国"、"罗
马帝国"直到"大不列颠帝国"、"美利坚帝国"底一脉相承的
"功利主义"、"实用主义"之强力意志永恒轮回。西方人谁不
知谁不晓？世界人谁不知谁不晓？读一读犹太人艾瑞克·霍
布斯鲍姆的近代史四卷特别是其中的《帝国的年代：1848—
1917》、《极端的年代：1914—1991》就感受到了西方在启蒙主义
旗帜下肆无忌惮强加于非西方之殖民主义、帝国主义"凯歌般
地行进"，掠夺、屠杀、奴役殖民地人一向视为理所当然的"自
然正当"。要说海德格尔存在哲学的"叙事-招魂"，其视野还
看不到这个层面上，还在"边缘的迷误"中，是一点不奇怪的。

话说回来。二战后不久，海德格尔曾在给法国人的《关
于人道主义的信》中坦然承认，欧洲历史主义至今还没有达
到马克思历史唯物主义的水平——"技术生产力"之故。他
哪有不知道"极具革命性的欧洲历史的整个进程"及其"实存
的霸权统治"的历史事实。

令人奇怪的是，仅仅凭所有这些暴力（它像大气压一样人
类承受得习以为常了），海德格尔何至于写下"地球自身将被炸
成碎片，现在的人类将彻底消失"？美国向日本广岛、长崎投放

---

① 参阅《哲学论稿》"Ⅶ最后之神"。

"原子弹"的时间尚在 4 年后的"1945 年 8 月 9 日"啊? 更甚,即便像史蒂夫·霍金、比尔盖茨等人预测的"超人工智能"自行"大过滤人类"而进入宇宙"第三型文明"(即"机器人时代"),那也要等到至少 2060 年以后,那时已经不可能让"存在通过实存的霸权统治,对其最深度的损毁的第一次净化"了,因为"实存的霸权统治"不再属于人类,而属于"机器人"——这"最深度损毁的第一次净化"连人类都净化干净了、不复存在了,非人属的"机器人开端"对人类又有什么意义? 这也是海德格尔的"技术追问"追问不到的"科技魔障"。正如马克思在 1848 年《共产党宣言》中意识不到 1989 年苏联解体、1990 年西方"资本自由精神永久胜利"之"历史终结"一样遭受了"资本魔障"。①

可见,海德格尔还远远没有意识到"制作性"、"计算性"之科学主义宇宙论物义论的后果。那时即便"存在"还存在,但已经不复是海德格尔能够用"海德格尔"命名的"存在史"了。尽管可能在他"预见的方向"上延伸着,毕竟"是其所不是,不是其所是"了。

## 【(30)读记 17】"净化"

"净化"三层意义:

1. 亚里士多德《诗学》的净化,即悲痛恐惧等激动状态的

---

① 请参阅墨哲兰《马克思历史唯物主义的三重身份》。

净化;

2. 新柏拉图主义的净化,即"作为材料质料的罪恶"的净化;

3. 对妨碍本己纯粹性之异己陌生实存的消灭,即"去消灭实存"意义上的净化,海德格尔是拒绝的。但是,"最后人们还是要问,海德格尔真的能够完全撇清与这第三种净化的意识形态关系吗?"

三层意思,在海德格尔那里都思索、论述到了吗? 还是逐一分析而最后落实到第三种净化上? 既然知道了"海德格尔是拒绝的",为什么还要坚持推想海德格尔的"内心"或"后果"都脱不了关系?①

## 【(32)读记 18】"决断"

"实存与纯在(Seienden und dem Seyn)之间的决断"。

---

① 2016 年 1 月 25 日补注:海德格尔将"无(Das Nichts)"与两种"非-实存(das Un-seiende)"区分开来。并强调"无"也不是一种单纯以否定方式开展的"非-实存"。"海德格尔批评了这种否定式完全虚掉了一切实存的存在,又将存在本身也虚掉,变为一种完全没有本真决断的存在,也就是犹如尼采所述的虚无主义,他将存在者与存在一并地否定而虚无化掉,因而这种状态是两边不到岸的绝对虚无,既不能安在于实存的存在者上,也不可达到存在的'无'之境域。而这种否定方式的'无'正正就是欠缺了存在,它被驱逐出存在的领域而飘荡无依。"转引自香港浸会大学梁宝珊教授对海德格尔全集版第 94 卷《思索》的解读《从海德格尔的〈黑皮书〉追溯"存在问题"——背后隐藏的问题与解答》(未刊稿)。偶然阅读所见!

　　海德格尔身处二战风暴漩涡的中心,他的"存在史叙事",其语言的"咒语"或"招魂"不可能不受这个语境巨大的"背景辐射"影响,因而其双关影射,无论在他的写作或我们的阅读中都会表现出来。

　　30年代末,海德格尔心中设想的追求,最终把"纯在"解放出来的"决断"的张力,导致了他的思想日益加剧的依赖性:他越想解放,就陷入越大的依赖性。这种思想中,留下了世界大战的明显痕迹。在海德格尔思想后期的关于"科技"的思考中,"构架"(Ge-stell)本身包含了与"纯在"的关系之可能性。但这种关系业已发生了衍变:"纯在"与"实存"之摩尼教式的二元对立减退了;"纯在"与"实存"的区分已经不是非此即彼的对立了。作为"敌人"的科技也消失了,尽管哲学家在这里仍然谈论着对它的痛苦经历(Verwindung)。

　　这段话中词语的关联是直接的,还是跨越的?比如,"纯在"与"实存"对立的决断,在二战中的痕迹是如何影射的?没有,跳过了。接着就是"海德格尔思想后期",哪一个时间?三十年代不能算作"后期"吧,那就是四十年代二战结束后?没有明说,只见"实存"的"科技"作为"敌人"表述。特拉夫尼本人当然是清楚的,可今天的我们阅读起来仍很疑惑。只有见到《黑皮书》才能判定。这里只能假设是"直接的"。

　　作为读者,这段引文中,有两句话给人感触至深不能不驻足冥思:"越想解放就越是陷入依赖"句;"作为敌人的科技消失了,但仍谈论着对它的痛苦经历"句。

这两句在本段中可放到一层意思中理解，那就是，"纯在"与"实存"的"科技"之间的决断。"科技"成为"构架"——无主体的主体——决定着人的命运，所以海德格尔感受到它是"纯在"的或"人"的"敌人"。

早在亚里士多德时代，已经区分为"自然存在"与"技术存在"。苏格拉底那里还在人身的"技艺"，到亚里士多德这里已显示为人外的"技术"，它"制作"的存在就是"技术存在"——开始与"自然存在"区别开来，显示出独立的趋势。两千年后，直到马克思早期，都还把这种独立的趋势叫做"自然的人化"或"人化的自然"，尽管是人的"异化"形式，但总要受人牵制，即人在牵制中掌握着主权："异化与异化的扬弃走着同一的路"而最后收回人底同一。如果是这样的状态，海德格尔根本不会有"痛苦经历"。其所以如此，因海德格尔走出了黑格尔"形而上学本体论同一"，"辩证法"不过是"同一性差异"而已，即不是"非同一性差异"；马克思尚在黑格尔的"辩证同一"中。

海德格尔认为欧洲的历史主义如英法等国的，根本还达不到马克思历史唯物主义的高度，恐怕关键就在于马克思历史唯物主义的"生产力（技术水平）决定生产关系（及其社会形态）"，被海德格尔注意到"技术"的威势。于是，紧接着，作为"实存"的"技术存在"威势如此之大，受不受制约呢？也就是说，受不受"人"或"纯在"（天赐之命）的制约甚至掌控呢？当时欧洲的和世界的革命进程，除了老牌的帝国主义（如英法意），还有新兴力量出现，恐怕在海德格尔眼里，这新兴力量首先就是德国的"国家社会主义"、俄国的"布尔什维克主义",再就是美国的"美国主义"。由于美国比英国更精于功利计算,科学技术更发达,所以,海德格尔把美国干脆叫做"美国主义",于是就有了稍后第三节出现的英美和犹太的"犹太世界集团"之说,其核心标准就是"技术计算与制作"。显然,海德格尔是把德国的"国家社会主义"看作是最具"本土性"的"纯在"(影射意义),而"计算,计算,除了计算还是计算"——联系施米特说的英美实证法"像大海上的波涛,除了波涛还是波涛"——其"世界性"之名在海德格尔眼里不如说是"无根的野蛮的虚无主义"。但不久,德国的侵略行动,也使海德格尔退缩,但"纯在"这终结"实存形而上学"而新生的"另类开端"存在史,本来就是《哲学论稿》思绪的延续,可以告别或蜕掉"纳粹-存在者"之皮把它置入"帝国主义"行列——但不能也不忍告别"德国民族-本土存在[按:'纯在'影射]"应负的"天赐之命"。这恐怕是海德格尔最为纠结的心病:他看不到还有别的可能了。

30 年代末,"他越想解放,就陷入越大的依赖性"。原文"注释6"引证海德格尔:"当从一种直接的依赖性中站起来,又跌入不可避免的所有敌对和斗争之中,那种奴役该有多么可怕!"特拉夫尼据此从中看出:"这种思想中,留下了世界大战的明显痕迹"。

读到这里,不禁联想到特拉夫尼先生引在开篇的两则"题词":

作德国人，就意味着：把西方历史最内在的重担，掷于自己面前，并扛到肩上。

马丁·海德格尔《思索（七）》

妈妈，你是否还和从前在家时一样，

能领受这轻柔的、德语的、痛苦的诗韵？

保罗·策兰，《墓畔》

对自己民族的苦难一如既往地爱，以致语言痛苦的诗韵都在内心撩起轻柔的爱怜，现在，还有这样的诗人吗？

海德格尔无非用哲学的语言表达了策兰的诗，但已是在叙事的招魂中了。

保罗·策兰是德国犹太人，他也是海德格尔的青年朋友。

我能感觉到的，特拉夫尼岂有感觉不到之理。

我的问题：海德格尔为什么不标榜自己是"世界哲学家"，相反要执着于"德国本土"去"领受这轻柔的、德语的、痛苦的诗韵？"究竟是什么样的"纯在"让他如此着迷：以致相信德国人能"把西方历史最内在的重担扛到肩上"。也就是说，只有他代表的德国思想能承接古希腊"存在者"开端的"形而上学"之终结。好容易从这"一种直接的依赖性中站起来"，即从"实存"的"功能结构、技术计算"的哲学"构架"中清醒地"站起来"，发觉远远不够地"又跌入不可避免的（全世界列强）所有敌对和斗争之中"——原来"实存"不仅被"技术"武装到了"思想",而且实际上整个西方国家包括新起的俄国都套进了生活世界的"技术构架"中准备一决雌雄！——（如此全面的技术计算的）"奴役该有多么可怕！"

特拉夫尼在"注释6"中除了引证海德格尔（如上述），还做了一个解释：

> 关于海德格尔在"纯在"与"实存"之间的这种特殊的二择一的方案，我们可以说，"纯在"同"实存"分割的越厉害，他对实存的依赖性就越强。在这种情况下，"听之任之"（Gelassenheit）就意味着，"纯在"与"实存"之间的关系越松弛，他对这种关系就越满意。

前述已经说明纯在与实存之间的"摩尼教式的二元对立"或者这里说的"二择一的方案"，都不能算在海德格尔名下。随之而来的"二元对立"的松弛乃至"消失"如"作为敌人的科技消失了"等等，也只能算作特拉夫尼先生自己理解的"松弛"与"消失"。与海德格尔毫无关系。作者前面指出的，战后对于自己错误的"海德格尔沉默"，列举了许多大哲学家的批评，德里达也认为这是"对思想的伤害"。国内也曾多次掀起有关的讨论。① 如果海德格尔对"科技"的态度"松弛了"、"消失了"、"不是非此即彼的对立了"，甚至"满意

---

① 我孤陋寡闻，只看到张汝伦先生"一语中的"的评论。

了"，守住"纯在"的海德格尔还有什么"痛苦经历"呢？他何
必"冒天下之大不韪"铁青着脸扭身而去,爽爽快快像大家习
惯做的那样"道声歉"岂不皆大欢喜？根本没有,原子弹摔在
广岛、长崎,"地球自身将被炸成碎片,现在的人类将彻底消
失"的"那种奴役该有多么可怕!"——在他自身"纯在"的思
路上,还有什么可道歉的希望,即便道歉,那也不是"思想的
事情"!

## 【(34)读记19】θεωρια(静观沉思)

特拉夫尼认为1933年前的大课没有"人民与种族"这种
提法。但此前,《黑皮书》手稿中已经出现了这样的断言(好
像无缘无故地突然冒出来一样):"只有德国人还能原初地重
新为存在作诗和讲谈(dichten und sagen)——只有德国人将
重新占领 θεωρια(静观沉思)的本质(Wesen,具体实施),并
最终创造出其逻辑。"

"作诗与讲谈(dichten und sagen)",海德格尔并不喜欢亚
里士多德的"制作"和柏拉图的"讲谈",而自己多用的是"存
在的言说或道说",所以,dichten und sagen 这里应该译成"赋
诗与道说"。此其一。

其二,"θεωρια(静观沉思)的本质",研究过"前苏格拉
底"之阿那克西曼德、赫拉克利特、巴门尼德的海德格尔,当
然知道它是"早期希腊"与"古希腊"的本质差别,也是柏拉图

挑起的"哲学与诗之争"的关键所在。美国人彼特·金斯利《智慧的暗处——一个被遗忘的西方文明之源》,用考古学证据证明真人巴门尼德与柏拉图的《巴门尼德斯篇》完全不同,而真人巴门尼德崇尚的就是 θεωρια(静观沉思),而不是柏拉图对话中的巴门尼德沦为穷于辩论的"智者"之流。所以,海德格尔如此区分古希腊底"第一开端"和德国底"另类开端"毫不奇怪。

## 【(36)读记20】人民与种族

又回到"人民和种族"。

我这里感兴趣的是一连串的"集合概念":希腊人、德国人、俄罗斯人、中国人、英国人、法国人、美国人、欧洲人、亚洲人、犹太人,等等。特拉夫尼先生认为是"有问题的",或者,它们只能算是过去时代的遗迹。不仅如此,连"人民与种族"的提法恐怕也是"有问题的",也是那个时代的"遗迹"。德国人真的被刚刚过去的"国家社会主义"之蛇狠狠地咬了一口——"一朝被蛇咬十年怕井绳"!

除了德国人难言的隐痛之外,特拉夫尼先生或许真的相信从欧洲到美国应该算作"世界性"代表了,与此相应,他们的"人民"事实上都"以个人为本位"地"单子化"了。并以此作为"现代文明"的标志:"个人主义——工具计算主义——自由主义"三位一体于"金融资本"之中。所以,"人民和种族"这样的"集合词"当然会被西方主流嘲笑。没想到身处欧洲的德国人也有这样的焦虑。一百多年来,中国人的这种焦虑几乎都恐惧成病态的奴性:唯恐自己"不个人",恨不得把"中国皮"也蜕得干净。

但是,到了关键时刻,比如布什在"911事件"后发表的教堂演说中,满口都是"美国"并以美国划界区分敌我友、区分光明与黑暗,最后祈祷"上帝与美国同在!"罗蒂说"美国是典型的种族自我中心主义"。当今世界,有哪一个国家不守住自己的"人民与种族"?

特拉夫尼注意到,这种"集合概念"当时之所以通行,正是对种族人性的"类特征"概括的结果,"就像德国人给一般的犹太人的特征定性一样,犹太人也用同样的方式给德国人进行特征定性"。换句话说,如此通行的种族特征定性,不管好的还是不好的,都不能当作"反⋯主义"对待。然而下面我们就会看到,正是这一当时通行的思维方式及其用语,埋下了海德格尔"反犹太主义"的"存在史叙事"祸根。

特拉夫尼还在注释中引证,海尔曼·柯亨1915年写了一篇文章叫《德国人和犹太人》(*Deutschtum und Judentum*),其中这样论述:"德国族的人性仅仅建立在一种伦理学的基础上⋯⋯在这一关键点上,倒是每个人都感觉到,德国族同犹太族之间的内在的共同性。因为,人类这个概念就起源于以色列先知们的弥赛亚主义。"

同样道理,海德格尔认为在德国的"本土性"上承认"只有德国人还能原初地重新为存在赋诗与道说(dichten und sa-gen)——只有德国人将重新占领 θεωρια(静观沉思)的本质(Wesen,具体实施)"则是极正常的"特征定性"。在此基础上,"如何建立自己的逻辑",则意味着"如何让思想驾驭制作和技术",而"不是再让资本或资本化的人为制作和技术所驾驭",成为至关重要的结节点——"本质具体实施"。不知海德格尔在《黑皮书》中有否进一步的论述? 否则,从"技术构架"中摆脱出来就会陷入无力地玄想——其被奴役仍是非常可怕的!

　　在这一点上,中国人现在感受到了几乎相同的"另类开端"的"痛苦经历"。

　　借此机会,有必要说明一下本"读记"行文中的"希腊人"、"英国人"、"美国人"、"西方人",还有"犹太人"、"中国人"等名词的用法。特拉夫尼把它们叫做"集合词",认为是"有问题的"。其问题大概是指以"类型"特征掩盖"个人"特征。言外之意,大有取消"种族"特征的意向——很现代后现代的"范儿"。我已经指出其以偏概全的虚假。不仅如此,仅就语言哲学而言,它们,与其说是"集合词",不如说是"索引词",即需要到上下文的语境中索引它们的意义。这应该是语言哲学的常识了。比如,当特拉夫尼先生在中国工作时自我介绍说"我是德国人",丝毫不会引起误解,听者不会嘲笑特拉夫尼先生退回德国传统保守而犯了"现代性错误"。当真有这个错误,那"联合国"就应该首先取消——但这已经是

"第三型文明机器人"最乐意干的第一件事。

## 【(38)读记21】国家社会主义或国家民族主义

到30年代末期,海德格尔对现实生活中的国家社会主义的批评越来越激烈:批判它对种族概念的绝对化,批判它的一般意义上的生物主义,批判它对国家进行科技化,批判它的帝国主义,最后批判它的国家(民族)主义。海德格尔认为,尽管国家社会主义堕落到了完全的"制作性"中,但是,对于"形而上学的克服"而言,它仍然是历史发展中的一个必然步骤。

应该说,到这里,特拉夫尼在海德格尔与"国家社会主义"的关系上画了一个句号。除了纳粹灭绝人性地屠杀犹太人,海德格尔对"纳粹德国"要做的批评几乎都批评到了。既然如此,海德格尔意义上的"精神国家社会主义"就是剩下的海德格尔对西方哲学形而上学史的终结和"另类开端"的希望。

特拉夫尼用它作为语境(场景),以待犹太人登场。

## 第三节　存在史上的反犹主义的样式

## 【(40)读记22】"存在史上的反犹主义样式"

这一节从小标题到第一段几乎就是一个"含混的王国",

每一个字都是需要澄清的。

先说"小标题"——"存在史上的反犹主义样式"。①

我暂时还不知道这个短语的德文原文,即不知道"存在史的"究竟是"主语第二格",还是"宾语第二格"。如果是后者"宾语第二格",说的只是"反犹主义"多种样式中有一种是海德格尔提供的"存在史"样式。

如果是前者"主语第二格"情况就大不一样了,"反犹主义"成为"存在史"专有的、独有的样式,甚至"存在史"本身就是"反犹主义样式",由此自然可以推罪:海德格尔"存在哲学"就是"反犹哲学"。特拉夫尼行文中已经提高到这种程度,虽然用的是可能性假设句式,接着自己又否定了。(参见前文)这种笔法,我不愿意做更深入的分析了,我怕伤着了特拉夫尼先生。②

再说"一般的众所周知的反犹主义"。

"存在史上的反犹主义"这个概念并不是说,这里有一种特殊的、精心炮制的反犹主义,或者说,它是一种更加狡猾的反犹主义。海德格尔的反犹主义是从一般的众所周知的反犹主义形式出发的。当然,海德格尔对它做了哲学的,也就是存在史上的解释。

---

① 9月20日才知道"目录"Typen des seinsgeschichtlichen Antisemitismus。

② 但此后的读记愈来愈远离最初印象"特拉夫尼",而不得不将特拉夫尼的"书写手法"揭示出来。

现在出现了两个概念:"一般的众所周知的反犹主义"和"存在史上的反犹主义"。前者与海德格尔无关,后者专属海德格尔所有。

那么,什么叫做"一般的众所周知的反犹主义"?

它显然在海德格尔之前就存在,甚至在德国纳粹上台之前就存在,换句话说,它早就存在于欧洲的历史上了。比如说,英国人莎士比亚就是一个"一般的众所周知的反犹主义"者,他塑造的"夏洛克"成为全世界家喻户晓的"犹太人放高利贷者"的典型形象,其可恶程度到了要割债务人身上的"一磅肉"偿还利息。我前面还指出,连欧洲人自己都意识到"民主欧洲的犯罪倾向",即在欧洲历史上长期存在着"一般的众所周知的反犹主义"。它事实上已经超出了"民族偏见"的情感范围。这个历史账怎么算?

二战后好了,这个历史账终于有一个叫"纳粹党"的出来结账了。其"反犹主义"硬结为"奥斯维辛集中营"与"焚尸炉"之"铁证如山"!战后,犹太民族也了不起,他们终于调动起他们民族卓越的记忆,在全世界树立了两座"耻辱柱":一座是有形的以色列特拉维夫"大屠杀纪念馆";一座是无形的竖立在全世界心中的"反犹太罪"!终于给历史上存在于欧洲民主进程中的"一般的众所周知的反犹太主义"定性为"反犹太罪"而"结案"——以儆效尤!

没有这个背景,人们如何理解"反犹太罪"?换句话说,二战前,犹太人散居欧洲各个民族各个国家之中,处境艰危,导致二战惨绝人寰的后果。用"反犹太罪"既是对后果的结案，也是对"犹太人"的"特殊保护"——这都是可以理解的。但必须注意，时过境迁，"以色列国"出现了，犹太历史开出了新篇章。尔后，以色列国可以按一般国际法保护属于自己国民的国内外犹太人之合法权益。但如果犹太人群居作为一个民族加入了所在地国家成为其中的国民成员，可以要求相对的自治权，但不能要求成为国中国。这也属于各国的主权范围。因而，如此特殊的"反犹太罪"事实上应该作为历史事件进入历史档案了。否则，全世界其他有过灾难史的民族也应该要求同等权利是否也应该特别立法"反中国人罪"、"反印第安人罪"？

不仅如此。全世界基督教国家、基督徒是不是要把它与"反基督教罪"等量齐观？全世界资本主义国家、前社会主义国家、现社会主义国家是不是要把它与"反共产党罪"等量齐观？

人啦，是要记住历史：信仰上的"反基督教罪"、政治上的"反共产党罪"、民族上的"反犹太人罪"。都作为一种"特殊的罪"存在过或存在着，都为历史提供了或正在提供或将要提供"正反教训"。

无独有偶，日本军国主义长期在日本民众的教育中贬低污蔑中国人即"一般的众所周知的反中国主义"，以此构成它们蓄意侵略屠杀中国人的思想基础。

（顺便插一句。

大史学家犹太人艾瑞克·霍布斯鲍姆在《帝国的年代》中如实写出当时在欧洲人眼中是把日本人视为"同类"的,根据就是它"能侵略中国"!

导演过《辛德勒名单》的犹太人斯皮尔伯格,在导演《太阳帝国》中竟然也反常地用帝国侵略自然正当的眼光区别看待日本人与中国人!何其"厚此薄彼"乃尔!

换句话说,一个民族,侵略杀人,并不重要;重要的是,你为什么软弱得任意被人屠杀?既然如此,《辛德勒名单》中的犹太人那样无助地软弱得被纳粹任意屠杀,可以唤起世界人的同情,而同样的中国人被日本侵略者屠杀,西方人却为何鄙视到无视其存在的地步?

到今日,2015 年 9 月 3 日,东方主战场中国纪念反法西斯战争、反日本军国主义侵略战争胜利 70 周年,西方国家的歧视冷淡态度表面是冷战意识形态,实际是仍然掩饰不住自己"帝国主义、殖民主义"的历史记忆!难怪人们把两次世界大战叫做"帝国主义战争":西方主战场是帝国主义对帝国主义的胜利当然也包括被侵略人民对帝国主义的胜利;东方主战场则完全是被侵略人民对帝国主义反侵略反殖民的胜利。)①

---

① 这一段,显然是 9 月 3 日后插进来的,实在有感而发。

现在，仍然有人在干着区分民族的优劣并以此贬低污蔑中国人的勾当；其贬低污蔑中国人的言辞，几乎就像当年纳粹贬低污蔑犹太人的言辞，如出一辙。

须知，主要帝国主义国家近四百年的殖民侵略历史，说到底，就是这种区分民族优劣自诩为"优等民族人种"而对非西方民族极尽殖民、侵略、掠夺、屠杀之能事的。更奇怪的是，连他们自我标榜的"民主"、"自由"、"人性"这些看似"普适性"的概念居然也包含着种族人性"高贵与卑贱"、"优秀与低劣"的等级差异之算计以达到污蔑贬低之能事。非如此不足以确立"我主你奴"、"我活你死"的"自然正当"目的，表明今天的"民主世界"仍在西方主宰的"丛林原则"中，"贫穷软弱"是不值得强者尊重的"奴隶道德"。一个著名的西方"思想库"对二战中的中国就有这样的指责："中国的贫穷与人性的软弱不仅招来日本的侵略，还使得美国为中国付出了代价。""侵略与被侵略"这个最基本的人权、族权、国权之"正义与非正义"的绝对界限竟然可以公然淹没在"强权意志的自然正当"中！——这就是当今世界奉行的"自然社会及其道德秩序"。

现在，中国人可以看清了，所谓"反犹太罪"，不是因为"犹太人软弱"遭到屠杀，而是因为"犹太人强大"——科技与金融是其强大的后盾——迫使屠杀者低头认罪。所以，我在自立的研究课题"中国人问题与犹太人问题"中，强调"犹太人是中国人的一面镜子"。单纯拿"神性"或"德性"与"苦难"说事，在当今世界中，是根本无效的。

但是,即便如此,我必须补足一句使本节读记完整:记住上述历史,同时也要记住其"界限"。一旦越过界限就是各种形式的僭越与剥夺,"反……罪"本身也会成为"罪",就像"逻辑"也会成为"逻辑罪"一样,"强权逻辑"在历史上从来没有逃脱惩罚——雅典罗马以降的帝国梦想历来是历史反讽的主题。所以,"知止"乃是"智慧"本身的节制,而不是"智能"的唯我所是地无限膨胀、永恒轮回。

其次,什么叫做对"一般的众所周知的反犹主义"做"存在史上的解释"?特拉夫尼说得很清楚,"海德格尔的反犹主义是从一般的众所周知的反犹主义形式出发的。当然,海德格尔对它做了哲学的,也就是存在史上的解释"。

这至少澄清了"反犹主义"是欧洲历史上客观存在的,并不是哪一个人生造出来的。对于这段历史,特拉夫尼当然用不着在他的文章中予以说明,但它决非无足轻重的不相干小事。此其一。

其二,海德格尔没有杜撰"反犹主义",也没有伪装成一种"更狡猾的"反犹主义,而是对"一般的众所周知的反犹主义"做了"存在史上的解释"。这里,仍有一个区分是不能含混的:海德格尔的"存在史"是专门为"反犹主义"做出来的,还是在"反犹主义"之前就已存在,仅在特殊时期就"某些特征"举为其"例证"?

换句话说,海德格尔为了把"一般的众所周知的反犹主义"上升为哲学高度提出"存在史"证明而变成"存在史反犹主义"——"存在史"仅为"反犹主义"而存在,是一回事;海德格尔"存在史"早已存在,只是在 30 年代末,"将其思维同实质上极具革命性的欧洲历史的整个进程紧密联系在一起"时,才出现的文字。事实证明,仅仅是后一种情况。特拉夫尼先生也在行文中证明:从《哲学论稿》(1936)看到的在"另类开端"中运作的"存在底历史"。充其量是"关于'历史地经典化了的文本'之解释学,或者关于'历史地经典化了的世界'之解释学",即,都还只能算"思想的叙事"。现在,特拉夫尼通过《黑皮书》告诉我们:海德格尔"已经不再局限于他自己的思想,而是突然占据了整个的世界历史"。于是,《黑皮书》中出现了"三段话",可以代表海德格尔对"反犹主义"做"存在史上的解释"。

总而言之,(1)"反犹主义"早就存在于欧洲历史中了;(2)海德格尔"存在史"思想也早就存在于"反犹主义"之前了;(3)海德格尔直到 30 年代末在《黑皮书》中出现了"三段话"对"反犹主义"做了"存在史上的解释"。

至于这"存在史上的解释"是怎么回事,再往后看"三段引文"便知。

## 【(41)读记 23】实存制作性(胡塞尔)与纯在奠基性(海德格尔)

先读通海德格尔"第一段引文"。

海德格尔认为,犹太人权力攀升的原因是基于西方形而上学之近代发展，它为"空疏的合理性与可计算性"之传播扩散"提供了初始条件"。"空疏的合理性与可计算性"并列，"空疏的合理性"一定有所指。即便不具体指"制作性"，那也可能指犹太人的一般特征，甚至指犹太人作为族群生活的一般特征。

说犹太人的"合理性与计算能力"靠西方形而上学平台"为自己获得了在'精神思想'中的一席之地"，海德格尔为什么一再忽略犹太人的"非偶像"之"真神信仰"？或者，海德格尔像康德黑格尔到胡塞尔以来的德国启蒙哲学家那样把"神性"完全划归"信仰地盘"，而把希腊柏拉图亚里士多德式的哲学则看作"启蒙性"的"精神思想"——须知，这一"启蒙路线"对西方人对基督教管用，对犹太人并不管用，也不买账。海德格尔像大多西方哲学家那样偏偏对此熟视无睹。所不同的，这一路"启蒙式哲学"仅被海德格尔划归到西方形而上学"第一开端"而"终结"了。"另类开端"只属于自己的或德国本土的"思想的事情"或"思想的叙事（招魂）"。远为辽阔的非西方地域的"本土性"仍在其视野之外。

所有这些已经开始的区分，海德格尔尚未严格履行在"黑色笔记本"中。"实存或存在者底哲学史遗产的痕迹"有时也难免粘连在"精神思想"之中。但区分毕竟开始了。有了这个开始，就可以理解海德格尔为什么笔锋一转就冲着胡塞尔而去。

即便西方形而上学把犹太人的"合理性与计算能力"提升为"精神思想"，但终究犹太人"不可能从其自身出发，去理解其中［西方形而上学中］隐秘的决定性因素（领域）。将来的决定和问题愈加源初，愈加初始，这个'种族（Rasse）'就愈难以接近"。

注意，"方括号"中的话显然是特拉夫尼加进的自己的解释。但它完全可能造成混淆，读者以为"从形而上学出发就能理解形而上学中的隐秘的决定领域"，犹太人之所以"难以接近"是因为他们"从自身出发"，尽管西方形而上学把他们提升到了"精神思想"的高度。如果是这样，柏拉图、亚里士多德、康德、黑格尔他们从形而上学出发为什么也没能去理解"形而上学中的隐秘的决定性领域"？

海德格尔明明在说，这个"隐秘的决定性领域"被形而上学"双重遮蔽"着，恰恰难以被"遗忘存在"之形而上学史或形而上学家所识破。除非反省到形而上学的"实存"性质即"对存在的遗忘"才有可能，即除非意识到实存（存在者）之形而上学"开端即没落"的"另类开端"——它才是"另类时空"即"地平线"下的"隐秘的决定性领域"。康德黑格尔不能懂，犹太人胡塞尔也不能懂。当然更别指望特拉夫尼教授懂了——他只在"方括号"中。

这才是海德格尔"存在史'另类开端'"看中的"思想事情"。由此，海德格尔笔锋才能转向胡塞尔——或许，他心中想到的就是胡塞尔一直执迷于形而上学之"第一开端"。犹太人"不能从自身出发回到思想的源初"不过是借口或诱因为了指向胡塞尔。于是，才预设了后面"圆括号"中对胡塞尔的大段论述,诸如"到处都是以哲学的历史遗产为前提"、"新康德主义的先验哲学"、"形式意义上黑格尔主义发展",等等。所有这些都不过是"对存在追问的迟误延搁",导致了以此形而上学为基础的"实存的制作性有能力去决定历史"。所以,海德格尔为自己攻击胡塞尔申辩说:"这种攻击的根据建立在这个最高决断的历史时刻:到底是实存的优势,还是纯在的真理的奠基,在它们之间做出决断的时刻。"

总之,胡塞尔站在"实存"一边耽搁了对"存在"的追问,致使"实存的制作性有能力去决定历史",而自己则站在"纯在的真理"一边,只有它(即"隐秘的决定性领域"亦即"另类开端")才能做出"最高决断的历史时刻"。

暂且把对错是非撇在一边①,海德格尔根据自己一以贯之的"存在史"而断定胡塞尔现象学根本上是"对存在追问的迟误延搁"这一思想事实,在形而上学史上,跟胡塞尔是不是犹太人毫无关系。事实上,海德格尔在追溯到"前苏格拉底"的"回归步伐"中一路清理对存在追问的迟误延搁,就是证明。所以,对"犹太人"分明是特殊时刻恰好举证的一个"捆

---

① 例如,继笛卡尔、康德之后,胡塞尔推进了"意识内在性"研究,这一贡献是不容抹煞的。它还有另外的作用,当哥德尔数理逻辑"不完全定律"提出那一个该体系无法证明的"不完备前提"时,其非逻辑的信仰直观,恰恰是最隐秘的"文化"(初始存在)根源。(这里应该特别感谢"概帮"兄弟邢滔滔教授提供其哥德尔研究成果。)它对于我而言,更具有抑制"科学主义"的重要意义。请参阅我的《古今知识形态学的轮回》。

绑"——"示例"而已。

## 【(46)读记24】"制作性"、"计算性"、"无世界性"作为"反犹主义"样式

我经历过也承受过"为批判而批判"的"书写",即必欲上纲上线置之死地而后快。对此感触极深。我在前面"错合"一词的"读记"中已经指出。

特拉夫尼的批判首先抓住了这样一种关联:"制作性"与"计算性"同"犹太人"的关系。设置关联到犹太性向成为"计算性"与"制作性"的源发基础地步。"2、第一段引文的说明"开始两个自然段最为关键。为确切理解,我不得不详细摘录如下,以(1)、(2)表示之:

(1) 30年代后期,大概1937年左右,在《思索(八)》中,犹太人,犹太族作为存在史叙事的角色首次直接亮相。"'庞然巨物'的潜伏最深的、也许'最为古老'的形态之一",据说就是"'算计计算'和'倒卖放贷'的'坚韧的熟练灵活'以及它们的混合。正是它们奠基了犹太人的无世界性"。对于这个阶段的海德格尔来说,"庞然巨物"是"制作性"的形式之一,也就是说,是处于独裁地位的对于世界的理性化和科技化的形式之一。世界的这种发展需要一种特定的思维形式,海德格尔想要

在犹太人的"算计计算的熟练灵活"以及"计算能力"里找出(erkennen)这种思维形式。

（2）这种奇怪的想法需要更准确的解释。因为,海德格尔在这里并没有声称,"无世界性"仿佛是犹太人的自然本性。更确切地说,他认为,"无世界性"是通过"算计的坚韧的熟练灵活"才"建立起来的"。而这种"熟练灵活性"则是"庞然巨物"——也就是"制作性"——之潜伏最深的形态之一。因此,"犹太人的无世界性"的根源是"制作性"。"制作性"使得"计算、算计"这种对世界起着决定性作用的活动占了统治地位。"制作性"要求并建立了人类的"无世界性",这是海德格尔进行科学技术批判工作的著名论题。但是让这个论题奠基于"犹太人的无世界性",却使得这一思想进一步尖锐化,但是这种尖锐化是很成问题的。

从译文上看,我几乎得翻两道槛:一道是特拉夫尼阅读理解选择海德格尔原文的槛,一道是译者理解翻译特拉夫尼和海德格尔两人原文及其交织的槛。现在,我只能假设两道槛勉强是可以通行的。实在难于理解的我会指出来。①

从（1）看,后半段,"对于这个阶段的海德格尔来说"开始,基本符合海德格尔思想之实际情况。事实上,谁都知道,

---

① 2015 年 12 月 17 日注释:到现在我仍无缘见到《黑皮书》。坦率地说,即便见到了,我也不能放下我正在进行的工作全力投入核校。事实上,它对于我已经没有这种必需性了。我已经后悔为了特拉夫尼先生耗费了如此多的时间。而海德格尔就在那里如磐石一般,岂是特拉夫尼所能撼动的。

"制作性"这个来自亚里士多德《诗学》的特有范畴,海德格尔一直用它来思考、追问非"自然存在"的"技术存在"。到现代才会有进一步的说法,如"庞然巨物"(按:"技术构架"或"技术座架"的形象表达)是"制作性"的形式之一,是处于独裁地位的对于世界的理性化和科技化的形式之一。这是海德格尔"存在史思想"一贯用于"技术追问"的说法。

接着,世界的这种发展需要一种特定的思维形式,海德格尔想要在犹太人的"算计计算的熟练灵活"以及"计算能力"里找出(erkennen)这种思维形式。其中"找出(erkennen)",似乎应该译成"标识出",即,不是要"从中寻找出",而是正好犹太人的"算计计算的熟练灵活"可以作为标本以标识出这种"思维形式"。直译"认出",也要比"找出"强(带"欲加之罪"的意味)。它本来就是一个模拟性例证之取证。

但是,(2)的说法不同了。这种奇怪的想法需要更准确的解释——谁解释?是海德格尔的解释,还是特拉夫尼的解释?

在这个意义上是很奇怪:一个著名的科学技术追问的存在史思考,怎么突然拿犹太人的"计算算计、熟练灵活、倒卖放贷"比较呢?问题出在"二战背景"上。如果离开这个背景,就一个民族的特性引发一个重大历史事件的做法是常有的事。美国犹太人马歇尔·萨林斯在《甜蜜的悲哀——西方宇宙观与本土人类学》中,就直接地把"资本主义"归结为"《创世记》的经济学",除了"生物本能"地功能功利性使用

"资本主义",什么都不能使西方人的"原罪式人性恶"获得合适的生存方式——所以走出中世纪到 17 世纪,西方首先由英法变现为《创世记》资本主义。假若这段话出自海德格尔之口,放在二战背景中,那又不知道该是多么重的砝码论证海德格尔的"反犹太罪"了!

特拉夫尼"更准确的解释"在于,海德格尔认为,"无世界性"是通过"算计的坚韧的熟练灵活"才"建立起来的"。而这种"熟练灵活性"则是"庞然巨物"——也就是"制作性"——之潜伏最深的形态之一。因此,"犹太人的无世界性"的根源是"制作性"。"制作性"使得"计算、算计"①这种对世界起着决定性作用的活动占了统治地位。

这段话几乎可以作为"似是而非"的典型个案。"制作性"、"计算性"、"无世界性"本来都是海德格尔研究古希腊哲学形而上学特有属性("哲学仅为希腊所特有")并从中得出"开端即终结"的公开论断。这就可以造成特拉夫尼"更准确地解释"海德格尔"肯定会这样认为"的前提或基础。正如"眼光"在前,"取证"在后。

———————————

① 我不知道海德格尔"计算、算计"的德文写法,中文译者的如此颠倒,估计不会是自作主张的文字游戏。但如此一来,两词连用就非常有讲究了:"计算"是客观手段性的,"算计"却是主观目的性的,连用就相当于"计算"必须符合计算者目的性的算计(狡计)行为。应了一句中国俗话"老谋深算",有"运筹帷幄之中,决胜千里之外"的气势。——"读记"注释。10 月补记修正:rechnerischen Begabung,还是平实地译成"算术天赋"好,译成"计算算计天赋",造成我这种理解就太偏执夸张了。

原生文化都具有特殊的计算性:埃及的"几何学"、西亚的"自然数"、中国的八卦易经的"象数二进",等等。它们在希腊或西方发展的不同时期为西方所吸收构成重要的科学技术转折阶段。所以说,"计算性"是"制作性之潜伏最深的形态之一",本来是地道的"存在史地形学"叙事。海德格尔虽然没有这样铺陈开来,但对古希腊毕达哥拉斯和柏拉图的"计算性"早有论述。特拉夫尼在下面的行文中也分明注意到海德格尔眼光的来源。所以,这里仅以"犹太人"的"思维方式"和"计算能力"集中"取证"、"标识"而具体化存在史叙事,决不能解释成是"唯犹太人专有"地"找出"。

可是,接着的"因此"句,竟然扯进"因果关系"而论断,就不能说是明智之举了。"犹太人的无世界性"的根源是"制作性",使人听起来,就像是另一个版本的犹太人《出希腊记》。"制作性"使得(犹太人的)"计算、算计"这种对世界起着决定性作用的活动(犹太人的无世界性)占了统治地位——"( )"中的话是引文概念特指但隐含着的。结果,特拉夫尼"更准确的解释"就变回了特拉夫尼自身想要的"解释":

犹太人的"计算算计、熟练灵活性"是其"制作性"之潜伏最深的形式,从而奠基了"犹太人的无世界性",遂而对世界起着决定性作用的这一活动占了世界的统治地位。

有了这个"更准确的解释",当然可以推罪:海德格尔存在史叙事完全是"反犹太主义"或"反犹太罪"的。甚至,海德格尔"存在哲学"就是"反犹哲学"。

所谓"更准确的解释"无非是特拉夫尼这样一种书写手法：

> 海德格尔一以贯之的存在史叙事——仅某阶段具体示例而取证于犹太人的思维形式与计算能力。
>
> 变成：
>
> 海德格尔把犹太人的思维形式与计算能力——当做了自己存在史叙事一以贯之的"科学技术无世界性"之根源。

全然不管西亚两河流域叙利亚神系与地中海希腊诸神谱系的"错合"、"混淆"——它显然不属于海德格尔的。

还不仅如此，连逻辑上的柏拉图的演绎法（从抽象到具体）也"错合"成了亚里士多德的归纳法（从具体到抽象）——同样，他显然也不属于海德格尔的。

这就是特拉夫尼自己的"更准确的解释"，仅仅不过一个"颠倒"而已！若是理解上的局限，不过智力障碍、误读而已，尚在情有可原中；若是趋炎附势的偏见，甚至蓄意罗织，那就只能算在唯利是图的德性丧失之中了。

下面引证一段同时期（1935 年至 1939 年）《哲学论稿》"Ⅶ"：

> Ⅶ Der Letzte Gott
>
> 题词

（最后的神）

这完全另类的神

不同于曾在的诸神，

更不同于基督教的上帝。

"题词"中，与"完全另类的神"即"最后的神"相区别的有"希腊诸神"和**基督教上帝**"。丝毫没有涉及"犹太教一神耶和华"。整个行文中也丝毫没有涉及"犹太人"。"希腊诸神"与**基督教上帝**"都被海德格尔归属于"计算性"之中。而"最后者"之"最后的神"（或"存在（Seyn）之神"）是"逃避一切计算"的。

由此可以证明，"计算性"不是为"犹太人"准备的。同样，"制作性"这个来自亚里士多德《诗学》的特有范畴，也不是为"犹太人"准备的。

**"制作性"与"计算性"两者，可以说是海德格尔为"第一开端"形而上学史规定下的最基本属性，并由此判定"形而上学的开端即没落与终结"。**

《哲学论稿》写于 1935 年到 1939 年。《黑皮书》写作时间几乎同时，大部分时间都是重合的。可能因《哲学论稿》自身的相对完整性而成书稿，才与《黑皮书》区别开来。究其"存在史思想"的重要性而言，没有任何理由说《黑皮书》比《哲学论稿》更重要，以致重要到海德格尔使其压轴的"哲学遗书"地步。之所以海德格尔要放到最后出，不是出于什么

"不朽"的"算计",而很可能——纯属猜测——出于"预言"性质的"不安",当然也可能包含意识到这部分特别涉及了战后"犹太人"的"政治敏感性"。由此可以推测,海德格尔当时可能已经意识到:

**《哲学论稿》是"纯粹存在史叙事"。**

**《黑皮书》仅涉及"具体存在史叙事"。**

《黑皮书》当然也主要是"存在史叙事",但却因某部分引申到或联想到"犹太人"或"犹太族"可资例证而变成连带的具体叙事。

今天人们太过追讨海德格尔的"反犹太主义",而可能根本忽略了其中真正意义上的"预言性质的不安"。否则,海德格尔不会保留下来放到最后出版。稍后,我会随着"读记"的伸展将何谓"预言性质的不安"揭示出来。

话说回来。特拉夫尼先生也非常清楚"'制作性'及其'计算性'要求并建立了人类的'无世界性',是海德格尔进行科技批判工作的著名论题"。随着二战的爆发,海德格尔"将其思维同实质上极具革命性的欧洲历史的整个进程紧密联系在一起"时才将"犹太人"关联进来而使其问题"尖锐化"。注意,这是"取证的尖锐化"、"拓展的尖锐化",而不是"让这个论题奠基于'犹太人的无世界性',却使得这一思想进一步尖锐化"。因为海德格尔把"科学技术"批判为"无世界性"并非奠基于"犹太人的无世界性"。无论从时间上,还是从逻辑上,都不能像特拉夫尼先生那样强行扯到"奠基于"上(不是"奠基了")。所谓"奠基于"就是"以……为基础",特拉夫尼先生难道要人们相信海德格尔对"科学技术的无世界性"批判是"以对'犹太人的无世界性'批判为基础"的吗?

## 【(47)读记25】"沉思性思维"与"计算性思维"

海德格尔在二战后区别了"沉思性思维"与"计算性思维"并对后者进行批评,"带上了一种腐臭的异味儿"。"计算性思维"永远不会像"沉思性思维"一样,在其身上发现"本土性(Bodenstaendigkeit)",因为,"家乡"中的"本土性"的对立概念之一,就是"无世界性",而作为"制作性"之结果的"无世界性",根据海德格尔的观点,恰恰是犹太人的特征。特拉夫尼忍不住问:"到底理性本身应该是犹太人的存在历史上的发明呢,还是海德格尔把犹太人解释成,是'制作性'在其发展实现自身的一种形式?"

我们恐怕触及到"《黑皮书》存在史反犹主义"坚硬的"核心"了。因为其中的线团缠绕远远超出了人们的耐心,以致人们还不能让"线团"慢慢伸展开来引导到深邃之处或堂奥之地就把"线头"掐断在"反犹主义"上了。

要想用言辞打破坚壳般的惯性思维几乎是不可能的。好在,那来自古希腊的两千多年的惯性思维像林中路,只有守林人知道,那看来相同的路却快走到了它的"断绝之处"。

海德格尔区别的"沉思性思维"与"计算性思维"——特拉夫尼先生灵敏的鼻子嗅到了"一种腐臭的异味",一点不假。因为它来源于"早期希腊"与"古希腊"之间的转折期,而苏格拉底就是其中介人。他经历了"神话时代"向"悲剧时代"的转变又直接经历了"悲剧时代"向"哲学时代"的转折,尚未完成他就被雅典民主判饮毒芹汁而死,仍然留下警戒:"要向神的智慧学习,要向人的苦难学习"。柏拉图背叛了老师苏格拉底,用他"计算的"、"制作的"——"静观世界"中的"'本相'-'结构'图式"完成了从"智慧"(无形)向"智能"(有形)的一系列降解:

"日喻"中的"灵魂"从智慧降至智能(自然之光)①;

"线喻"中的"可知"世界从智能降至智能(数字计算);

"洞喻"中的"自然"从"第一洞穴"(自然存在)

降至"第二洞穴"(技术存在)

于是,古希腊自然理性的"自然之光"就在智能的"双重遮蔽"下完成了"第一次启蒙":结果就是希腊"德性即知识"——"计算性"、"制作性"、"无限性演绎或归纳"的"功能

---

① 列奥·施特劳斯在《旧约创世记》讲解中,把神创世第一天的"光"讲解成"犹太的神性之光",而神创世第四天的日月讲解成"希腊的自然之光"。

结构主义"化——"德性善（好）"也就这样在"真"（自然）的支配下功能化了。当然，真正的完成者是亚里士多德。且沿传至今。

当海德格尔的"回归步伐"返回到"前苏格拉底"时，他才发现了"沉思的思维"与"计算的思维"的差别。于是，他感概于当今之世，才提出"开端即是终结"的玄语。这就是特拉夫尼先生嗅到的"腐臭味"。我当然知道特拉夫尼闻到的"腐臭"是指证"反犹太"。所以才有对"腐臭味"——特拉夫尼忍不住问："到底理性本身应该是犹太人的存在历史上的发明呢，还是海德格尔把犹太人解释成，是'制作性'在其发展实现自身的一种形式？"

我宁愿把这"忍不住的问"看作"明知故问"，因为我没办法想象"海德格尔研究所"主任特拉夫尼教授会相信在西方形而上学史上一路回归到"前苏格拉底"早期希腊的海德格尔竟"西辕东辙"地得出"理性本身应该是犹太人的存在历史上的发明"的结论。究竟是海德格尔的"多么奇怪的想法"，还是特拉夫尼的"多么奇怪的想法"啊？

从人类原生文化以降的人类文化历史看，海德格尔的"两种思维"已经触及到真正存在史上的两种不同的"知识学形态"："智慧知识学形态"与"智能知识学形态"。前者是"神-人-物"相互制衡而人执其中地中和，后者是逐渐降解直到"一物独大"的宇宙论物义论科学主义——前景即是"第三型文明机器人时代"——人再不向"人的苦难"学习就将什么也学习不到了。

这本来是今天人们感觉中逐渐增大的阴影,特别是少数敏感的科学家、哲学家已经呼吁出来的警告。因此,我倒特别惊讶海德格尔于上世纪三四十年代竟然如此瞻前而顾后地预见"地球人类的毁灭"。并特此提出这样的预防:

"计算性思维"永远不会像"沉思性思维"一样,在其身上发现"本土性(Bodenstaendigkeit)",因为,"家乡"中的"本土性"的对立概念之一,就是"无世界性",而作为"制作性"之结果的"无世界性"。

在海德格尔一以贯之的、如此关切"科技构架"连根拔起人类生态的"存在史叙事"中,他只能想到与"计算性思维"的"无世界性"之"无根性"相对的"沉思性思维"之"本土性"。它原本是对科学技术最深刻的沉思!可是人们只关心它越界取证到活生生特例"犹太人"而判定的"反犹太主义",根本放弃了它本身的"沉思"之"忧患"人类"唯科学主义"从"本土性"连根拔起而自取灭亡的无穷后患。

正如特拉夫尼先生开篇说到的"错合",海德格尔一以贯之的"技术追问"恰恰又在二战中与纳粹屠杀犹太人"错合"在一起了。只是,海德格尔的"错合"根本上是"举例"性质的,而特拉夫尼代表的推罪势力的"错合"则是倒过来"攻其一点不及其余"的"归纳"性质的。这样的推罪本身,如前所述,恐怕有可能陷入"逻辑罪"。

它使我想起"摩尔论证"来：摩尔举起自己的左手说"这是我的左手"。谁敢反对？但由此经验上升为"我认为怎样就是怎样"的"感知即存在"。维特根斯坦百思不得其解：为何"说出的"经验没错，而"显示的"逻辑却错了？以致临死也不放过论证它的"确实性"是如何堕入"逻辑罪"中。

海德格尔在"沉思性思维"身上发现了"家乡"中的"本土性"，而与之对立的"计算性思维"则是与"制作性"具来的"无世界性"。这个思想或这"两种思维"还分别附着在"德国人"与"犹太人"身上。

德国人：沉思性思维、家乡、本土性

犹太人：计算性思维、无根、无世界性

按其意义，"无世界性"应该是"无本土性"，恰恰又是"世界性"的。奇怪的思维粘连而游移："无世界性"就是"世界性"，"世界性"就是"无本土性"即"无根性"！所以，海德格尔又把犹太人、美国人都叫做"世界主义"。

不要说纳粹德国证明了海德格尔设想的"德国人与犹太人"对立当时就完全落空，事实上，后来的特拉夫尼们也证明了海德格尔的完全落空。即使举证也举证的不是地方，因为海德格尔当时根本就找不到最深的最隐秘的初始存在——"原生文化"。海德格尔一概排斥"文化"恰正使"初始存在"仍然还"太哲学"的原因："形而上学尾巴"在海德格尔"存在史"中留下了一点"返祖"现象。

这是一种迹象，表明思考中的游移与过渡。待到专门论及德国人和犹太人的"种族问题"时,海德格尔思考和用词的"错合"就更明显起来。

其实,我最关注的是这里的问题意识,没想到,后面,落进了"种族主义"和"国家社会主义"的争执中。太日耳曼化了。

我先指出这一点,往后再回到这里来。

## 【(48)读记26】Mathesis:希腊文"知识",后来也用于"数学"

海德格尔非常清楚近代对数学的重视来源于古希腊("从压根儿上说是古代的")。大概是特拉夫尼对此在"注释(5)"中紧接在引证后问:"但是这样人们更会问,为什么海德格尔没有坚持这一洞见,并对它加以发展呢?"

是呀,海德格尔要是"坚持了这一洞见"发展了希腊精神"德性即知识"真的相信"德性即数学",那该有多好啊!——他就不复是海德格尔了,也不会有《黑皮书》问世让特拉夫尼先生肆意批判了。他就会像今天的分析哲学家达米特那样说"今天不懂数学就根本不懂哲学,因为数学就是上帝创世的秘密"。(达米特肯定不是犹太人,因为他口中的"上帝"是"亚里士多德底上帝",与"亚伯拉罕底神"何干!)

海德格尔不是清清楚楚地在《哲学论稿》"Ⅶ"说了"希腊诸神、基督教上帝"都是"计算性的"吗,只有"存有之神"才是"逃避一切计算的"。至于,为什么海德格尔明明知道"希腊理性思维"就是"计算性思维",还非要反其道而行之呢？还非要提出与之相对的"沉思性思维"——它不是海德格尔的发明,而是它来源于更早的"早期希腊"(前面"读记"已述),海德格尔自以为念及"本土性"的德国人可以继承下来重启开端。现在看来乐观不了,德国人如特拉夫尼们不买账。

之所以如此,特拉夫尼先生只往后看没往前看——不,既没有看得太前也没有看得太后,只看见他能看见的"科学技术的威势"。说穿了,是只看见用科学技术武装的支撑自己"主人道德"的"强力意志"——纳粹,以及那些信奉强力主宰世界的人。在这一点上,他们可以说是"志同道合"的。他们决计没有那么远的预见:有一天,科学技术的强力如"超人工智能"的"世界性"终将把人类从地球上连根拔掉!

"世界性"就是"无本土性"、就是"无根性",归根结底就是"无人性"。"资本式科学主义",以及依附于它的英美"世界主义"及其尾随的"自由派们",都被"双重遮蔽"地看不到这个"盲点"。

不幸的是,海德格尔看到了!

特拉夫尼自以为得计地问:"为什么海德格尔没有坚持这一洞见[按:"德性即知识( = 数学)"],并对它加以发展呢?"——"海德格尔研究所主任"居然看不见海德格尔!

写到这里,我倒是"看见了"特拉夫尼先生(借用一下"阿凡达"语言)。他仅仅是特拉夫尼,与海德格尔毫无关系。所以,特拉夫尼还根本谈不上跟海德格尔粘连:"研究"也罢,

"批判"也罢。

## 【(49)读记27】"计算性"成为"住所"

在海德格尔那里,加在犹太人身上的是一种类型的反犹主义,即"被'制作性'所统治的无世界的、专注算账的主体,这个主体通过计算-算计'在精神中为自己创造了一个住所'"。

但关键仍然在于,人们究竟在什么意义上能理解成"一种反犹太主义样式",究竟在什么意义上未必能理解成"这种样式"。

跳开来说几句。我不能理解的是,海德格尔1927年的《存在与时间》还带着明显的基督教色彩(暂不分天主教和新教)。往后,希腊诸神的色彩几乎与基督教上帝的色彩平分秋色,但几乎从没有提及犹太教(我承认这只能限定在我阅读的范围内)。因而,即便我们关注的这一时期(《黑皮书》时期),提到了"犹太人"或"犹太族",但奇怪的是好像没有涉及到"犹太教"(仍然在我阅读的范围内)。从特拉夫尼的引文与解读中也没有看到。犹太人仅仅作为"犹太人"或"犹太族"谈论,就像谈论"德国人"、"英国人"、"法国人"、"美国人",甚至还提到"汉人"一样,被特拉夫尼先生叫做"有问题的'集合概念'"。更奇怪的是,还把"犹太人"与"英国人"、"美国人"特别是"美国人"相提并论。也就是说,他们背后的

"诸神"谱系全都模糊而隐藏了。如此精细的海德格尔,为什么如此不精细?

我能够做的理解是,抽掉"诸神"背景①,仅取其"族类"所致,在"制作与计算"之科学技术的取向上。作为一个"族类"的"犹太人",特别精通于"计算"(金融资本)、"制作"(科学技术)、"信息"(纸媒与网络)——类似于古代闪族造"通天塔"。今天有谁还奇怪吗?海德格尔当时就敏感到了。他甚至对自己的"敏感"敏感到危险而做了"黑皮"包裹处理,长期秘不示人。

坦白地说,我也有类似的看法,所不同的仅在于"立义"与"取向"上,因为我还特别注意到"犹太人"或"犹太族"根本上属于"神的子民",或者说犹太人是真正"神的民族"。他们跟希腊以降至今天的美国走向"单子化个人"的"科学主义"不同,"犹太族"有"神性之体"是科学技术排除不掉化解不掉的。故而,我相信犹太人即便能打通"神-人-物"也是"以神为体"而"以体制用"的。所以他们能够说出这样的警告:"进化论即末世论"!完全不同于希腊到美国的"自然理性"或"自然主义"彻底走上"功能功利技术化"地"以用代体"。正是在这一点上,我对犹太人有另一种理解,即不启蒙

---

① 犹太神也应算"诸神",耶和华明确对犹太人说过:"你们不准信别的神",故耶和华只能是犹太人的"一神",且无形也不"同人同性",像希腊诸神及基督教神,与人性交生子或圣灵授孕。这是非常重要的区别。

而始终凝聚于"民族神"以打通"神-人-物"的"犹太族"——是"中国人"的"一面镜子",也是世界的"一面镜子"。或许,它能对海德格尔的"一种反犹主义样式"给予醍醐灌顶的启示。

(2015 年 9 月中旬间断。2015 年 10 月 15 日继续。)

## 【(50)读记 28】去种族化的种族原则丢失了 "趋向纯在的决断的地带"

还是先读通"第二段引文"。

这段引文,开始一句很关键:"基于他们强调计算算计的天赋,犹太人很久以来早就已经按照种族原则生活了,因此,他们才全力以赴地激烈反对[种族原则]的不加限制地运用。"恕我用最平实的语气重译一遍:"凭借突出的算术天赋,犹太人一开始就已经按照种族原则生活了,因此,他们才极力反对[种族原则的]自由运用而实施自我保护。"①

"按照种族原则生活"与"反对自由运用"如何构成"因

---

① 此段原文:"Die Juden 'leben' bei ihrer betont rechnerischen Begabung am laengsten schon nach dem Rasseprinzip, weshalb sie sich auch am heftigsten gegen die uneingeschraenkte Anwendung zur Wehr setzen."我想用最平实的语气重译一遍:"凭借突出的算术天赋,犹太人一开始就已经按照种族原则生活了,因此,他们才极力反对[种族原则的]自由运用而实施自我保护。"顺带说明,老友靳希平将扫描电子版发给我了。除了难解的地方利用原文核对,一般我尊重靳译文,不自找麻烦。2015 年 10 月 15 日补记。

果"理解？贯通的读法应该是：

> 犹太人一开始就已经按照种族原则生活了，种族式的培育的建立，并不是起源于'生活'本身，而是起源于通过制作性对生活的高度强化(Uebermaechtigung)。为此，他们才极力反对种族原则的自由应用而实施自我保护，也就是要高强度地运用制作性于组织种族生活。

由此造成的后果是，"这种带有计划性的过度强化追求的，就是人民的彻底全面的去种族化，其手段就是对实存进行相同的构建、相同的剪裁的设施中，形成去种族化的紧张。去种族化的同时也就是人民自身异化——丢失了历史——也就是说，丢失了去向纯在的决断的地带"。

注意，第二段引文保持自身的完整理解非常重要。只有这种完整的理解成为语境，才能保护其中的任何语句不被强行抽出做其他为我所用的解释。

其"种族原则"就是"高度强化的制作性与计算性"。海德格尔在行文中以显藏隐，区分了两种"种族"的起源：显的是，有的种族建立是基于"强制的"生活，即运用"制作性与计算性"强制；隐的是，有的种族建立是基于"自然的"。

窃以为，这个区别尺度也来自亚里士多德"存在者的多样性"。亚里士多德在区分了"实体"（个体）、"种"（属差）、"类"、"最高形式因"（神）之外——需要指出的是，尽管它们都是"存在者"，但毕竟层次不同，后者同时也关涉着前者的"存在者之存在"即"本质"递进升华（上行抽象、归纳），这就使得亚里士多德的"存在者"多样性无形中显示出"存在者"与"存在"的隐性区分,以示其中"存在"的本质性(回到柏拉图),但在海德格尔看来,这区分仍然在形而上学"存在者"之"第一开端"视域中——还区别了"自然存在"与"技术存在"。前者是自然本有的,后者是人为自己功用目的技术制作的。海德格尔并非一般地反对"技术存在",而是反对非自然的即脱离本土的连根拔起的"技术存在"。他预感到了亚里士多德的"制作"逻辑将会使"存在者"最终连根拔起而脱离"存在"(之"本土性"),但在亚里士多德那里还只是一种端倪,而后来的比如说意大利文艺复兴之后,"亚里士多德主义"在英国人那里才彻底完成。所以,海德格尔反复强调说,亚里士多德并没有像后来的亚里士多德主义走得那么远。这真是少有的历史洞见!特别是在西方形而上学始终强势的潮流中。局外人则全然不察!

由此而来的自然是海德格尔"如何摆脱"或"摆脱如何可能"的想象。当他看见现代技术全然成为"技术座架"而将人凌空架起时,他就想象如何改变"技术存在"而恢复"自然存在"。开始想象的是"艺术存在"——康德的影子。但事实上"艺术"太软弱又太趋新逐利(从新技术媒材到市场价格),需要有更坚实的载体。他才幻想日耳曼人的"诗歌",想象着荷尔德林的"在大地上行走"的"神圣的泥土性"。于是,富有"精神性的德意志"成为他心中的想象。最初接受"国家社会主义"多半就是这种想象使然。但海德格尔没有想到这个支撑点载体单一化本质化——纳粹"雅利安种族至上"是其种族主义之极端表现——其形而上学"计算与制作"的"双重遮蔽"就不可避免。退出"国家社会主义"是容易的,然而如何能走出西方的"苏格拉底厄运"而不陷入形而上学"反讽",就难了! 在此进退维谷的边缘上,西方哲学家的"反讽"宿命,也落到了海德格尔头上。

## 【(51)读记29】"种族思维"是"制作性的结果"

这是一个非常尖锐的问题:种族,本来是"自然存在",为何成为"制作性的结果",即"种族成了技术存在"? 于是有先行的"种族思维",即把种族如何"建构"起来的思维。

今天人们,特别是学术界,动不动就是"建构",好像不说"建构"就不是"创造",就谈不上学问一样。连胡塞尔这样被人推崇的哲学家,口口声声要"回到事物本身"却无时无刻不在意识内在性中"建构"。笛卡尔、康德的意识哲学哪一个不是在"建构"! 在英美派分析哲学中,一面走语言表达式行为主义,一面走人脑物理还原主义,设定人脑即 1000 亿神经元,思维无非是其排列组合的编码,公然"以像代是"地恢复"人是机器"命题,还以此断定"上帝创世的秘密就是上帝大脑中的数学"。如此这般地一个连着一个"技术座架"式"建构"直到把人的"思维"建构成"人工智能"("机器人")。这就是西方形而上学建构史"通天塔"之路! ——"通天塔"崩溃的警示"进化论即末日论"——从来没有阻止得了西方人。犹太人当然心知肚明！它就写在《托拉》"创世记"第11节，岂有不知之理。

之所以说"种族思维"是"近代的"、"制作性的"，大概特指17世纪开始的工业革命。紧接着伴随着欧洲向非西方的殖民主义扩张，西方启蒙思想中的"东方学"完全是按照西方殖民主义"制作性建构"起来的"种族理论"。海德格尔当然深思不到西方思想"主人道德-强力意志"的殖民主义性质，但西方思想的"技术座架式的制作性建构"则是一以贯之的。"种族思维"概莫能外。

## 【(52)读记30】"种族"："被抛性"、"历史性的彼在(Dasein,此在)"

"种族"是"历史性的彼在(Dasein,此在)(被抛性)的一个必要的、直接表达出来的条件"。

所谓Dasein之"此在"、"彼在"的译法已有前述不赘。尽管二者"共同在世"并无特拉夫尼想象的区别，即便在自我意识的表征上，"此在"好像具有优先性，其实也未必，自我意识的"彼在"感也是常有的。根本原因仍在其"处身性"上都属于"被抛性"。西方基督教的语境下，"被抛性"无非是不受任何保护的被放逐状态。它来到世上，是这里，是那里，终归是一样的，没有任何依凭。只有对此有了意识，才成其为"此在"，或由此而彼地"彼在"，感觉的差异瞬息可变，谓之惶惑、谓之"畏"。

这里，海德格尔将"种族"与"历史性的此在"联系起来，可看作基本存在状态的时空延伸。至于延伸的内在强度，那就要看"种族思维"之"凝聚性"的强度而定。比如，有的是"血缘宗法性的自然"如中国，有的是"血缘宗法性的神性"如犹太。所不同的，后者可能还另设"高强度制作性"而使其成为"绝对的条件"。海德格尔把犹太种族的"真神性"与"去国的历时性被抛状态"两大因素省略了或淡化了：不知有意无意？

## 【(55)读记31】犹太人是"完成设立'制作性-组织-种族'任务"的先锋

生活的发生，根本不受教育和高贵化的左右。

特拉夫尼注意到了"海德格尔用这一思想同生物主义划清了界限"。可这正是纳粹"雅利安种族至上"的命系所在。"国家社会主义"是纳粹的产物，与海德格尔无关。他只是"认出"并按照自己的理解而认同，后来逐渐退出，仅退回到自己的理解与想象中。此处退出雅利安种族优越论的"生物主义"就是一例。

不仅如此，海德格尔还将犹太人与德国人在种族"纯粹化"的原则方法上作如下比较：

"种族"的"纯粹性"需要一种专门的"组织活动",或者需要这种"组织活动"的"源头",也就是"制作性",以便把"生活"按这种方式组织起来。一方面,海德格尔在国家社会主义中找到了这种组织(按:又是"找到了",可能还是 erkennen 这个德文词"认出"、"标识出"),另一方面,海德格尔在犹太人那里看到,"很久以来早已经按照种族原则生活了"。这只可能意味着,犹太人是第一个把"制作性"的"特质"——种族式的培育的组织活动——变为现实的。依据海德格尔的看法,是犹太人承担了"从事种族式的培育的组织活动的任务",也就是,在完成设立"制作性"的"种族"组织的任务时,犹太人充当了先锋。

"种族"本身就已经是一种"组织",比如开始是小的单一的"氏族",然后变成大的"氏族聚合"。混杂是难免的。但问题是,如何出现了种族"纯粹性"问题? 多半是社会理论如"社会达尔文主义"或科学理论如"生物基因理论"等被人拿过来做了有利于自己需要的政治意识形态运用。暂时搁置此类理论背景。

回到 20 世纪 30 年代现实,如何保持种族组织的"纯粹性"? 海德格尔认为这至少需要一种专门的组织活动,比如德国人用一种专门的"国家社会主义",俄国人用一种专门的"布尔什维克主义",还有英美人用一种专门的"功利实用主义",尽管前两者性质不同(前者是雅利安血统人种优越论的生物主义,后者是无产阶级最革命的阶级论消灭私有制的共产主义），但都属于后起的"种族思维"或"种族理论"，唯有英美源起希腊第一次启蒙的自然理性"功能结构主义"。犹太人用的与此不同，它是一种神性契约下"组织活动"的"源头"即"制作性"（其最隐秘的开端是"计算性"）把种族组织培育起来。在其种族组织的源初性上，犹太人无疑充当了"先锋"的角色（按，汉语很容易辨识"先锋"与"先行"的感情色彩，甚至政治色彩。所以，这里试以"先行"中性为妥）。

这里有一个特拉夫尼的注释（1），很值得关注。特拉夫尼援引 Christian Geulen 的《种族主义史》。Geulen 把种族主义定义为：一种行为，它或者对继承的，或者对新的种族从属性的界限，从理论上进行论证，或者在实践上加以实施。正是在这个意义上，该书作者说，犹太族尽管知道，自己的构成结构与陌生人的构成结构上的不对称，但是并没有因此得出要"对陌生人的文化进行强占、殖民或者压迫"（Geulen, *Geschichte des Rasstsmus*, Verlag C. H. Beck：Muenchen, 2007, S. 25）。那种"被动的排他性的要求"，"经常是犹太人对抗占统治地位的文化，与之竞争"的结果。"被动的对排他性的要求"——一个作为被择选的民族——是否以及如何成为诱因，去刺激对于一直存在于身边的、那种关于"属于还是不属于犹太人"的那种区别，做出种族主义的反应，这是一个社会心理学问题。

出版注明后的话，"那种'被动的排他性的要求'……"不知道是 Geulen 著作中的原文转述，还是特拉夫尼理解后的解释。存疑。

既然如此,同纳粹的"国家社会主义"比较起来,"犹太人"无疑处在"被动的对排他性的要求"之"被择选"地位,即便做出"经常是犹太人对抗占统治地位的文化,与之竞争"的生存反应,也毕竟是弱势族群的自我保护反应。海德格尔不会对此一窍不通,反而把"犹太人"当做纳粹德国的"竞争对手"甚至作为"统治世界的政治力量"看待。这里的粘连混淆在于,犹太人的被动的生存反应,与它作为"制作性"力量高强度"组织种族生活"并在英美打开的"科技时代"占住"先行"位置(说成或译成"先锋"作用,把历史上的"时间之先"变成政治作用的目的诉求,太过夸张),被看成了深谋远虑的政治图谋(更匪夷所思)。如果是海德格尔《黑皮书》中的行文倾向,那他是把一种"心理学问题"夸大为"政治行为问题";如果是批判者硬要过度解释,那就有点落井下石了。

按照海德格尔一贯的"存在史描述",即便是特征或特质性描述,应该说,可以算作某种意义上的"存在史地形学",不能算作"反犹太主义"。否则,"民族"、"地缘"、"历史"都不存在了。事实上,阿伦特也论述到,不能把对犹太民族的特征性描述一概当作"反犹太主义"的。

除非有别的进一步的描述引申出其"特殊目的"。但是,下面几个自然段,尤其是56、57、58,特拉夫尼完全按照自己的意愿对照现实做出了直接的影射。尽管用的是疑问句式。

## 【(57)读记32】影射"纽伦堡法案"

果然,第二段引文开头一句:"基于他们强调计算算计的天赋,犹太人很久以来早就已经按照种族原则生活了,因此,他们才全力以赴地激烈反对[种族原则]的不加限制地运用。"被抽取出来,离开第二段引文的整体语境,做了"纽伦堡法案"的影射。

前述"读通第二段引文"时指出:

开始一句很关键:"凭借突出的算术天赋,犹太人一开始就已经按照种族原则生活了,因此,他们才极力反对[种族原则]自由运用而实施自我保护。"

犹太人的生存状况是不允许犹太人"自由运用"种族原则组织生活。看来关键在"反对不加限制运用"或"反对自由运用"一词的德文(heftigsten gegen die uneingeschraenkte Anwendung)理解。难道德国人特拉夫尼不懂得"不加限制"就是"自由"即"放任自流"吗?"加以限制"不就是通过制作性对生活的高度强化(Uebermaechtigung)吗?怎么会把种族原则"反对不加限制的运用"或"对无节制性的抵制"这一分明的犹太种族自我保护原则,非要影射到纳粹强行通过的"纽伦堡法案"旨在排他性的"种族隔离"之"种族原则"呢?

"纽伦堡法案"是一项"保护德意志血统和德意志尊严的法案"。也是一项"保护德意志人民遗传健康的法案(婚姻健康法)"。

它从各个方面直接对犹太人、吉普赛人、黑人,以及混血者(另外,也同样是对妇女,也就是说,包括德国妇女)的歧视。总体上,它的目的是推行种族隔离,以便使"德意志的血统"保持纯粹,不被混杂。

或许只能这样解释,特拉夫尼想推断海德格尔头脑中可能进行的"反差性对比":纳粹德国是高强度的德国人血统纯粹性自我保护,犹太人是高强度制作性组织生活自我保护。尽管海德格尔两者都反感,一个"生物主义",一个"技术主义",但无疑都是强制性组织的"种族原则"。倘若如此,"反犹太主义"岂不也能反推出"反纳粹主义"? 更重要的,这种对比中,有一个致命的差别被忽略、掩盖了,那就是,德国纳粹的自我保护是以排他性的隔离、驱赶、屠杀犹太人为前提的,而犹太人的自我保护则是在没有国土前提下仅限于种族的自我认同自我凝聚的组织种族原则。

海德格尔注意到其中的差别而使"种族原则"抽象多少保留着某种界限,或者抽象的立义取向指向了更抽象的领域如"无世界的世界性"。但这是往更抽象的上层走。

而,正是这种间隙给了特拉夫尼可乘之机,使之往下走,走向现实的与纳粹粘连的"屠犹"领域:"反犹太罪"或"反犹太主义"。


## 【(58)读记33】影射"使用暴力迫害犹太人"

如果前一影射还有可比性,此一影射就未免太离谱了:

特拉夫尼德文："Ist es moeglich, dass Heidegger mit der 'uneingeschraenkte Anwendung'des 'Rasseprinzips' die Gewalt meint, unter der die Juden zu leiden hatten?"

译文："海德格尔所说的'种族原则''不加限制的运用'是否就是指使用暴力迫害犹太人呢?"

前述已经反复强调,不能离开"第二段引文"整体语境而单独抽取其中的词语或语句做随心所欲的解释。没想到在这里得到了印证。

海德格尔分明说的是"weshalb sie sich auch am heftigsten gegen die uneingeschraenkte Anwendung zur Wehr setzen."("因此,他们极力反对[种族原则的]自由运用而实施自我保护。")

"不加限制地运用"("自由运用")前的动词"极力反对"有意删除了,否定句式变成了肯定句式:"不加限制地运用"暴力迫害犹太人。尽管套在可能性疑问中,仿佛特拉夫尼先生推断还是非常克制的。这是特拉夫尼常用的书写手法。前面我迟疑着判断。现在,我不能不指出,这种"颠倒"、"删节"、"粘连"下的指控尽管用疑问句式,其实是装作自我克制的反问句式:似乎答案是毋庸置疑的、自明的。

## 【(59)读记34】"'不加限制'应用的东西"究竟指控谁?

"不加限制"一旦从"极力反对"的动词限定中脱钩抽出,

就真的变成了"不加限制"地为特拉夫尼先生应用了。

"纽伦堡法案"服务于"保护德意志的血统"。这种解释所针对的前提是：存在一种可以到处传播的疾病的危险，或者存在着战略行动上进攻者的威胁。于是，"种族原则"的"不加限制地应用"似乎仅是在一种冲突中保护性的措施。

这段指认"纽伦堡法案"的话，不用说针对的是德国纳粹主义。

但在特拉夫尼的笔下却变成了另一副面貌：

犹太人曾经是第一个依据"种族原则""生活"的这一思想，就显现为一个特殊的面貌。国家社会主义者们"不加限制地"应用的东西，就是早在国家社会主义之前很久，犹太人就已经实践的东西。

这种类比是想说，海德格尔通过"种族原则""不加限制地运用"，犹太人早在很久以前就实施了，比德国"国家社会主义"早得很多，堪称"先锋"。由此证明"纽伦堡法案"的合理性：存在一种可以到处传播的疾病的危险，或者存在着战略行动上进攻者的威胁。于是，"种族原则"的"不加限制地应用"似乎仅是在一种冲突中保护性的措施。从而达到纳粹迫害屠杀犹太人在战略上不仅是合理的，而且还是"以其人之道还治其人之身"的。因为犹太人"不加限制地应用""种族原则"在先啊！

特拉夫尼就是这样解读海德格尔的。完成如此解读的关键是"uneingeschraekte Anwendung"（"不加限制地运用"或

"自由地运用")这个词组的"抽取"与"诠释"(另作粘连)。

　　Uneingeschraekte 是 eingeschraekten 的过去分词否定式,基本意思有:一是紧缩(开支);二是限制(自由);三则节约。所以,其否定式"不加限制地",亦可译成"自由地"。中国人要背词典,难道德国人还有不明白的?

　　海德格尔在论述犹太人的"种族原则"时,前有动词限定"极力反对不加限制地运用",为了突出犹太人的种族生活是被"制作性"高度强化了的,即高度强化的制作性成为"种族原则"。恰恰突出强调的是"极力反对自由地运用",一定要转变到"用制作性地高强度运用"。这才是"不加限制地"这个作为形容词的过去分词在海德格尔话语中的被规定性。

　　结果,到了特拉夫尼手里,抽取出来的"不加限制地"即"自由地"则完全用到了"纳粹式的强力意志"上"为所欲为地自由运用"。

　　两种自由:"不加限制的自由"与"被制作性必然规定的自由"。海德格尔区分得非常清楚,而特拉夫尼先生要么"故意混淆",要么"当作同义",两者殊途同归,既不高明,也不光彩。

## 【(63)读记35】海德格尔第二种类型的"反犹主义":"种族主义"

　　60 至 63 自然段集中把"第二段引文"的"反犹主义"类型

"种族主义"说出来了："海德格尔认为，犹太人和国家社会主义之间的斗争，是围绕着历史而进行的、由种族动机推动的斗争。"

特拉夫尼书写手法又一次呈现：

尽管，海德格尔"拒绝种族思维"，即拒绝"种族理论生物主义"，也就是排除"海德格尔认为雅利安人有特殊的优势"。

然而还是——"这是一个令人痛苦的'然而还是（dennoch）'（按：也就是我们中国人说的"但文"：天啦，尽管我不情愿，但偏偏你还是，有什么办法！）——他认为，犹太人和国家社会主义之间的斗争，是围绕着历史而进行的、由种族动机推动的斗争"。

一种书写手法反复使用，总有其理由，不能完全归结为心术正否。回想起来，特拉夫尼开篇的"题词"的确在我的初始印象上起到了笼罩性的作用。这种笼罩性题词与批判性行文，就是一个大的书写手法。只是，其中贯彻的，有的高明，有的不高明，甚至引起人反感。但，——你看，我也用起"但文"了——如果事实本身具有这种两面性呢？某种面孔在不同背景上重复出现可能阴阳两界。比如，我前面引证的《欧洲民主的犯罪倾向》与《民主的阴暗面》两本书，要是放在二战中出自海德格尔之手，那还得了；但出自二战后，谁能否认它们理论的严肃性呢？所以，我还是尽可能寻找出合逻辑地理解：

甲、海德格尔毕竟提供了国家社会主义与犹太人种族思维"差异而引起斗争"的一种"存在史解释"，一种"种族主义"解释。

乙、从而使这种斗争具有了客观的、外在的"理论合理形态";进而使"屠犹"、"反犹"也变得合理起来,真相被掩盖。

丙、因而,海德格尔"存在史叙事"达到了"反犹太主义"的实际目的。

这个逻辑用最通俗的话说:"即便你海德格尔主观愿望没有'反犹'更没有'屠犹',但客观上即实际效果上你为国家社会主义辩护了。"事实上,海德格尔又是纳粹党成员。战后又拒不道歉。于情于理,犹可说也。

可说的界限呢?

离纽伦堡审判过去 70 年了。《黑皮书》今天才见天日。说它产生了实际后果"为纳粹'屠犹'辩护"毕竟是无稽之谈。

撇开一部分人对海德格尔素有成见,再撇开一部分人因事实上的"存在史"观照南辕北辙道不同不相为谋而必欲置之于死地,那么,剩下一种可能,那就是,认真对待"甲",全然依据"甲"的历史洞见可否,再作定论。所以,对"甲"究竟如何看待,我在上述解读中特别强调了一个是主动攻击性的、排外的如纳粹党,一个是被动的、自保的如犹太族。此外,我打算放到"读记"全完后的"小结"中,陈情出来。

## 【(64)读记 36】"世界犹太人":把实存从存在中连根拔起的世界历史使命

还是先读通"第三段引文"。

在分配帝国主义的优先权的意义上,同英国取得谅解,根本不触及该历史过程——即在美国主义和布尔什维克主义内部,同时也是世界犹太人的内部,英国已经输掉了——的本质。关于世界犹太人的角色问题,并不是一个种族问题,而是一个貌似人类(Menschentuemlichkeit)的人种的形而上的问题。这个貌似人类的人种能够毫无约束地把一切实存(alls Seienden)从存在(Sein)中连根拔起,并把此事当作"世界历史"的使命来担当。

第三段引文的意思直接呈现着,焦点在于,"世界犹太人"是一个貌似人类(Menschentuemlichkeit)的人种的形而上的问题。它能够毫无约束地把一切实存(alls Seienden)从存在(Sein)中连根拔起,并把此事当作"世界历史"的使命来担当。字面意义用不着解释,需要解释的是海德格尔"存在史的世界历史命运感"。所以,我期待特拉夫尼即便往"反犹太主义"上靠,也得拿出像样可靠的东西来。

没想到,特拉夫尼对"第三段引文"的说明用去20条自然段(占精选前三节84自然段约四分之一),整个围绕着"锡安长老会议纪要"来论证海德格尔行文中的"世界犹太人"以坐实总标题"犹太世界的阴谋神话"。

这真是一种非常离奇的论证姿态。一方面说,"锡安长老会议纪要"连"造假"都不是,因为"造假"毕竟有仿造的真相存在,它完全是一个"虚构";另一方面说,海德格尔几乎在许多重大见解上都出自它的影响。这就相当于呈堂供认,海德格尔的"存在史反犹主义"的论据是"虚构"的或建立在"虚构"之上的。那么,法庭上完全可以根据特拉夫尼的指控对海德格尔免于起诉,因为,海德格尔要不是"神经病"就是"被欺骗",或者自己明目张胆地用虚构欺骗世人;反过来,要不,特拉夫尼本人也深受"锡安长老会议纪要"影响陷于"指控妄想症"。

但我还得"读记"下去,想找出海德格尔与特拉夫尼各人表达背后的真实思想及其脉络。

## 【(66)读记37】汉娜·阿伦特的证词

阿伦特注意到"锡安纪要"异常普遍的"知名度……并不是由于对犹太人的仇恨,而是由于对犹太人的钦佩,希望从犹太人那里学习点儿什么"。还进一步指证"国家社会主义的手法:'关于今日犹太人的世界统治的虚构故事,构成了未来德国世界统治之幻想的基础。'"

特拉夫尼紧接着说:"海德格尔的出发点显然是,'锡安纪要'是上面讨论过的犹太人同国家社会主义之间的竞争的证据。"

特拉夫尼怎么没注意到阿伦特引述的巧妙:从"锡安纪要"异常普遍的知名度可以看出,正是这"虚构"把对犹太人的"仇恨"变成了"钦佩",再由观念的"钦佩"变成事实性的"学习",以致把"今日犹太人世界统治"说成了"未来德国世界统治"的学习榜样或基础。但给双方都加上了一个致命的

"限定修饰词":犹太人那里是"虚构的故事",德国人那里是"未来的幻想"。也就是说,两头都虚化了,毕竟给事实留下了它自己"本有的存在史因果"。特拉夫尼以为他可以在阿伦特留下的"中空"任意填补自己所愿以证实对海德格尔的指控。他太不了解阿伦特了。

语言是现实的两张皮:除了正反,还有临界。德国纳粹"反犹"、"屠犹"是血淋淋的事实。它究竟由什么推动?"统治世界"。老欧洲早就推行"统治世界"的殖民主义、帝国主义政策了。德国纳粹不过是晚起的帝国主义争夺"阳光下瓜分殆尽的地盘"。于是,"统治世界"的借口各有各的说法。海德格尔的《黑皮书》不过是"带到形而上学边缘"的一种说法。阿伦特是伴随的另一种说法。

我的"读记"除了明确站到非形而上学的"另类开端"之说法外,还提供了欧洲或西方本身之外的"中国独立叙事"的"另类说法",目的在于,打开人们的视野,敞开一个等待,等待长期缺席的东方世界登场。首先正视:真正的受害者即东方世界自始缺席了,西方自诩"世界史"不过是从来没有反省到位的"傲慢与偏见",终归算不得数的。

## 【(67)读记38】哲学家们,"世界犹太人"手中的玩偶而已

第 67 自然段。"锡安长老会纪要"中可以找到反犹太主

义花样的许多类型。其中的头一个就是所谓秘密组织……政治的、金融的、文化的、共产主义、媒体；一切都被分化瓦解，到处煽动动乱，哲学也被派上了用场。在"纪要"的一个地方我们可以读到："不要以为，我们的宣言只是空洞的言辞。请你们瞧一瞧我们不断扩大中的，由达尔文、马克思和尼采的理论带来的成果。我们自己至少应该清楚，它们对非犹太的头脑起到的充满破坏力的影响。"哲学家们——"世界犹太人"手中的玩偶而已。

大段转述、引述之后的一句话（哲学家们——"世界犹太人"手中的玩偶而已）是特拉夫尼说的。我们，读者，应该如何理解呢？说你——特拉夫尼先生完全相信了自己所引用的内容。大概不为错吧。

或许，正因为自己信以为真，才动不动就推断别人也会信以为真。下面第 68 自然段就在这种推己及人的推断中："锡安纪要"中还有许多其他的表述，可能对海德格尔产生了影响。

特拉夫尼要想让自己的指控成功就应该摆脱自己陷入的逻辑误区。

特拉夫尼自己就认定"锡安长老会纪要"是一部"反犹太主义"的"武器库"，各种"反犹"武器（类型）一应俱全，只要对号入座，就能判定"反犹太主义"。这至少暴露了特拉夫尼本人认定"锡安长老会纪要"为真。但是，谁向特拉夫尼提供了这种"真实"的证明呢？你拿得出手吗？拿不出手，所以你明确说了它连"造假"都不是的纯粹"虚构"。那么,到目前为止它充其量只是一个传闻悬案。既然如此,你又何必如此当真拿它"推罪"海德格尔?

此外,阿伦特说过了,与其说"纪要"是对犹太人的"仇恨"不如说是对犹太人的"钦佩"。事实上,海德格尔已经因其"制作性"几乎把"世界犹太人"抬高到现行世界各种统治力量的引领地位。也就是说,"制作性"几乎成为"世界犹太人"的"同位语"。为什么不从这个已经抛出的"存在史叙事"之"线团"深入"世界历史命运"的堂奥之地?

鉴此,下面"读记"不再与特拉夫尼纠缠"纪要"了。

## 【(69)读记39】——这是希特勒的行动

"屠犹"即"种族灭绝"是希特勒纳粹的所有行动中的一个行动。有人今天指出他们"仅仅是在追随美国人的脚步"。

一个行动比一打纲领重要。为什么非要将希特勒的行动指证为"'锡安纪要'之反犹主义的典型样式"?特拉夫尼想过没有,你如此断言背后是否暗示人们做出这样一种解读:"锡安主义(Ziollismus,犹太复国主义)"利用("计算")希特勒纳粹"统治世界"的野心,配合("算计")上演了一场"苦肉计",其结果正是"以色列国"的"复国"。

什么事情,哪能由你想怎么解释就怎么解释。特拉夫尼不怕"锡安长老会纪要"的"狡计"与"反讽"吗?

## 【(70)读记40】——形而上问题:英国的开端即没落

特拉夫尼用"注释4"补充了海德格尔本人对"第三段引文"的说明:"我们从未来的角度才能把握到,近代世界的设置是英国开始的,而依据其本质,近代根本走向就是,建立全球范围的'制作性'的放纵。"特拉夫尼解释说:"海德格尔把英国理解为美国主义和布尔什维克主义的源头,因为它追求'制作性的放纵'。"特拉夫尼在转述了海德格尔说明的细节后断言:"不用对海德格尔关于英国的说法提供更详尽的细节说明,仅就他声称英国在德国的毁灭中关注的'巨大的商务'这一点,在我们面前摆着的语境中,又是明显的反犹倾向。"

看来,即便今天德国,也有传统与现代、保守与进步之分。"制作性"、"计算性"、"商务性"代表现代进步、民主自由;"本土性"、"家乡"、"本己的"、"土地"、"诸神"则代表传统保守、独裁专制。而海德格尔拼命挽留的恰恰是后者。什么细节都不用说了,仅凭一个"'巨大的商务'这一点,在我们面前摆着的语境中,又是明显的反犹倾向"。这岂不是说,连"反资本主义"甚至更早的"反商业主义"都可算在"反犹太主义"账上了。据此也可以指控犹太人马克思和马克思主义是典型的"反犹主义者"和"反犹主义"!

特拉夫尼意识到自己的逻辑像"雪崩"一样吗?

英国既是"工业革命"的发祥地,同时又是"商业主义"或"贸易主义"、"货币主义"的发祥地,"制作性"、"计算性"、"商业性"一样不少。海德格尔说了"近代世界的设置是英国开始的,而依据其本质,近代根本走向就是,建立全球范围的'制作性'的放纵"。海德格尔还说了"把英国理解为美国主义和布尔什维克主义的源头"。海德格尔又说了"把犹太人理解为一切'制作性'、'计算性'的'源头'、'先锋'"。如此"雪崩"下去,几乎可以说,"出埃及记"开始,人类历史就已经走上"反犹太主义"的预谋道路,而犹太人马克思则是最大的"反犹太主义"先锋。近现代以来,任何涉及"工业主义"、"商业主义"、"货币主义"甚至"科学主义"的质疑、批判都是蓄谋已久的"反犹太主义"。因为,它们无一不在"存在史反犹主义"范围、无一不是"存在史反犹主义样式"。

醉翁之意不在酒,"反犹太罪"几乎可以堵住一切对"现代性"、"后现代性"的批判,直到"人是机器"——"第三型文明时代"的到来——兑现"进化论即末世论"!

这是什么样的"历史狡计"啊?

## 【(75)读记41】"制作性"编织的网

没有《黑皮书》的文本,这里"读记"的理解只能建立在特拉夫尼的"引文"、"转述"和"解释"上。例如,"世界犹太人"

（Weltjudentum）与"国际犹太族"或"国际犹太人"（internationale Judentum）的差别，我只能根据海德格尔"引文"及其特拉夫尼文本的文意作如下的理解。

"世界犹太人"，在海德格尔那里有两种论述：

其一，"关于世界犹太人的角色问题，并不是一个种族问题，而是一个貌似人类（Menschentuemlichkeit）的人种的形而上的问题。这个貌似人类的人种能够毫无约束地把一切实存（alls Seienden）从存在（Sein）中连根拔起，并把此事当作'世界历史'的使命来担当"；

其二，"世界犹太人"作为表演于国际舞台的科技代表的特殊的地位。

两种论述都指向"制作性"：其一说的是"制作性"的"形而上学性质"；其二突出"制作性"的"科技代表"，即在科学技术领域取得领导或优先地位的科学家群。正是他们"能够毫无约束地把一切实存（alls Seienden）从存在（Sein）中连根拔起，并把此事当作'世界历史'的使命来担当"。①

"国际犹太族"（"国际犹太人"），应该是一个跨国家的

--------

① 为了不脱离"读记"的论域，我不能也不想涉及科学方法的"自我证成"问题。我曾在"概帮"即"概念帮"同仁中发表过《人的定义与是的用法》和《谁来反省科学？》以及在《如何重写西方哲学史？》中专门讨论过资本式科学方法论的"物自我"偏执取向。但我仍然忍不住要引证史蒂夫·霍金在《大设计》中的一句话证实海德格尔此话不虚："第一章'存在之谜'：在传统上，这些问题是哲学问题，然而哲学死了。哲学已经跟不上科学尤其是现代物理学的发展。在我们探索知识的进程中，科学家已经成为发现的火炬手。"

"民族"或"种族概念",与前述"种族问题"或"种族思维"相关,即以"种族"形式散居存在的犹太人多数。请回忆前述:犹太人一开始就已经按照种族原则生活了,种族式的培育的建立,并不是起源于'生活'本身,而是起源于通过制作性对生活的高度强化(Uebermaechtigung)。为此,他们才极力反对种族原则的自由应用而实施自我保护,也就是要高强度地运用制作性于组织种族生活。由此造成的后果是,"这种带有计划性的过度强化追求的,就是人民的彻底全面的去种族化,其手段就是对实存进行相同的构建、相同的剪裁的设施中,形成去种族化的紧张。去种族化的同时也就是人民自身异化——丢失了历史——也就是说,丢失了去向纯在的决断的地带"。

但是,犹太人的"种族历史"不过是"世界历史"的一个范本。虽然在种族生活上,犹太人是"先锋",但在现代性潮流上,英国人无疑是最大的"弄潮者"。现代,不管是"帝国主义的战争的思维方式与人类性的和平主义的思维方式"(海德格尔说的)。或者,不管是专制国家(德意志帝国、意大利和苏联的)'思维方式',还是西方的民主制的思维方式(特拉夫尼解释的),都是"形而上学的'衍生物'(Auslaeufer),从中流出来的东西"(海德格尔说的)。

它早已是一幅世界史图画。它发源于欧洲近代史,在欧洲内部犹太族被驱赶被屠杀,在欧洲外部非西方民族被侵略被殖民。第一次世界大战、第二次世界大战,主要是欧洲内部的帝国主义战争。犹太人被驱赶到赶尽杀绝的边缘。二战并没有终止战争。相反,一切大国都已卷入了这个现代化潮流:科学家制作的"技术座架"成为模式,各个大国必然按照这种模式"高强度地运用制作性于组织种族生活"。即按照资本运作的"基础科研"—"应用实验"—"工厂生产",然后进入"政治博弈掌控世界格局有利于我的变化"。与之相伴随的就是各个民族国家"资本金融化"作为杠杆推动"工业化"、"科技化"、"商业化"的组织活动。"这种带有计划性的过度强化追求的,就是人民的彻底全面的去种族化,其手段就是对实存进行相同的构建、相同的剪裁的设施中,形成去种族化的紧张。去种族化的同时也就是人民自身异化——丢失了历史"。美国政治家们战后不是在全球范围推行"技术一体化"吗?

至于,谁"在这个斗争中声称并获得'世界统治权'","根本是无所谓的,就如同其命运:他们大都是被碾碎一样","所有的民族"都在"形而上学的层次上",都处于"被排除于与此不同的东西之外"。

记住,政治家们听起来非常不情愿,但,谁都知道,拿破仑这个"骑在马背上的世界精神"完事之后,不也像"打去了黄的空壳"遗弃在历史博物馆里了吗? 不,当"第三型文明"过滤掉人类,"丢失了"的岂止是"历史",更是"人类"。那时,哪有人去"历史博物馆"凭吊?

······

先且别忙于"推断"海德格尔的"反犹太罪"——"犹太人仅仅是形而上的形态学的又一个形态而已"——何不先问问战后的世界各国是不是进入了这样一幅"世界网络图景"？至少在目前现状的现象形态上，有谁敢在"与此不同的东西之外"？

谁胜谁负并不重要了，谁的"强权"是不倒的"王冠"？但结果无一例外地都是"计算性与制作性"之"形而上学的'衍生物'（Auslaeufer），从中流出来的东西"。它不是"制作性的历史性手法"是什么？

这样的"形而上学史"早就"终结"了，像"僵尸"——为什么"僵而不死"？——非人格化的"资本"难道不是"僵尸"一族？（后一句话不属于海德格尔）

等等。

我不止一次地惊讶：71年后，海德格尔的视野（1943年）岂止是特拉夫尼们的眼界（2014年）能够望其项背的？

## 【(76)读记42】"地球上的犯罪活动是犹太性"

在关于"纯在的历史"的手稿中，有唯一一段在内容上涉及存在史上的"权力"之维度的段落。在那里，他谈到"最近地球上的主要罪犯"。毫无疑问，他这里所指的是专制国家的第一批统治者。当然，"这里需要问的是，独特的预先规定，地球上的犯罪活动是犹太性，这样的规定之根据，到底奠基于何处"。（注3）人们首先想到的是,对这句话直接按如下方式加以理解:海德格尔想问的是,在这种"独特的预先规定"中,犹太人设置了什么东西,以至于必须为"地球上的主要罪犯"做出牺牲。

特拉夫尼在含有"地球上的犯罪活动是犹太性"这个分句的句子后加了一个注释(3):"在后来出版的书中抓不到这个句子。在海德格尔手稿里有这个句子,但是在海德格尔的弟弟Fritz的誊抄稿中,这个句子不见了,显然是被他'删去'了。依据《海德格尔全集》为海德格尔本人'最后手定'这个含义,海德格尔遗着法定管理人当时决定,不发表这个句子。从《黑皮书》着眼,现在他改变自己的看法。此外,从时间上来看,这句话完全属于我们这里讨论的反犹主义语境中的反犹例子。"


请恕我将关键词一句(着重号标示)重新译出:

(……"Macht",) spricht er ueber die "planetarischen Hauptverbrecher der neuesten Neuzeit"—und er meint ohne Zweifel die ersten Beherrscher der totalitaeren Staaten. "Zu fragen waere"allerdings, "worin die eigentuemliche Vorbestimmung der Judenschaft fuer das planetarische Verbrechtum begruendet" ist.

他谈到"近现代地球上的主要违法者"。他毫无疑问指的是专制国家的首要统治者。当然,"问题在于,犹太性向的独特先行设定如何建立在地球上的违法活动中"。①

在我的阅读中，作为句式翻译，"犹太性向的独特先行设定如何建立在地球上的违法活动中"，是不能拆分为"独特的预先规定，地球上的犯罪活动是犹太性，这样的规定之根据，到底奠基于何处"——甚至用一个分句式"独立判断句"把"地球上的犯罪活动是犹太性"突出出来。

因为，"worin die eigentuemliche Vorbestimmung der Judenschaft fuer das planetarische Verbrechtum begruendet"ist. 由两部分组成：

句子框架部分是"worin …… fuer das planetarische Verbrechtum begruendet"ist.

被介入部分 die eigentuemliche Vorbestimmung der Judenschaft。

显然，被介入部分应作为一个整体介入，因为 der Judenschaft 是 die eigentuemliche Vorbestimmung 的"主语第二格"，即"独特的先天设定"专属"犹太性向"所有，并由此组成一个"固定短语"。所以，不能把 Judenschaft 抽取出来先行划到"如何建立于地球上的犯罪活动上"还改成一个独立的判断句式"地球上的犯罪活动是犹太性"。这里的翻译有两个改

---

① 2015 年 12 月 7 日我在中山大学做了一次演讲，题目是"海德格尔《黑皮书》一段原文的阅读与翻译"。倪梁康教授建议我改成"问题在于，犹太性向的独特先行设定*如何成为地球上违法活动的根据*。"

动是致命的:首先,把"犹太性向底独特先行设定"这样一个非现实的过去式的"先行概念"改变为当下的完成进行时的事实判断句"地球上的犯罪活动是犹太性";其次,把"犹太性向底先行设定"——"如何建立在地球上的违法活动中"之"如何"的可能性模态句改变成"地球上的犯罪活动"归结"是犹太性"的全称逻辑实证句。

此外,作为词语翻译,Hauptverbrechter 不能用名词确定下来为"主要罪犯",而应该以动名词分词性译为"主要违法者";Verbrechtum 与之相应译为"违法活动"。海德格尔不是诗人,用词随意比附,他是哲学家,不会自己判定别人为"罪犯",按其"违法行为"指出其"违法者",恰当得多。Juden-schaft 译"犹太性"并非不可,但总觉得"-schaft"用作词尾有一种"属性"形态化、风格化倾向。如 Wissenschaft("科学"或"科学界")、Landschaft("地形"或"风景"甚至"风景画")。所以我把它译成"犹太性向"旨在突出其属性特征取向的维度。

最后,在澄清了句译与词译后,这句话的意思并不难理解了。试比较:

　　（甲）当然,"这里需要问的是,独特的预先规定,地球上的犯罪活动是犹太性,这样的规定之根据,到底奠基于何处"。

　　（乙）当然,"问题在于,犹太性向的独特先行设定如何建立在地球上的违法活动中"。

"地球上的违法活动"前述已经指出,是"近现代"
(neuesten Neuzeit)以来的专制国家的首脑们的违法行为。
Neuzeit 本来就是出中世纪以来的"近代",海德格尔心目中已
经把英国"17 世纪工业革命"算作近代以来的"制作庞然巨物"
向海外"侵略扩张"的发动者。说它是"地球上的违法活动",
不为过吧?(注意,长期以来人们把这种"违法活动"掩盖在
"进化论启蒙主义"之中——这是典型的"强力意志主人道德"
底"自然正当"!)而"犹太性向的独特先行设定"即犹太人的
"计算性与制作性"本来就早于英国人,它高度强化了犹太人
的种族生活,但仅止于内化的维度。把它粘连措置到英国人外
化的殖民扩张"如何建立于地球上的违法活动之中",这的确
表现出海德格尔失去分寸地越界推演,如果是这样的话。作为
《存在与时间》的作者,"前理解"三要素:Vorsicht(先行见到)、
Vorhabe(先行具有)、Vorgriff(先行掌握)①,其"先行"理解中把
"制作性"内外抽象为"同类项",也并不奇怪。这种"抽象"就
带上了海德格尔反对的"形而上学性质"——反讽无处不在。

科学技术本身"看来"是无害的,关键在它"如何用"、"用
于何处",也就是说,人类是否有"以体制用"的智慧能力驾驭
"科技"。如同"战争",把"科技"看作是"善",抑或看作是
"恶",本来就是人类思想史上的一个纠结点。推行功能进化
论者,完全掩盖了科学技术自我证成、自主发展的非人属性

———————

① 援引陈嘉映 王庆节《存在与时间》。

向,尤其"资本式科技"之属,只有少数人才能洞穿其遮蔽下的生存危机。

这当然是我的猜测性理解。

特拉夫尼行文中紧接着的说法是这样的:"人们首先想到的是,对这句话直接按如下方式加以理解:海德格尔想问的是,在这种'独特的预先规定'中,犹太人设置了什么东西,以至于必须为'地球上的主要罪犯'做出牺牲。"

插语。如果海德格尔的行文是中译文那样分开明确表述的,敏感的特拉夫尼先生还不抓个正着?还会在此句后面谨慎设问:"海德格尔想问的是,在这种'独特的预先规定'中,犹太人设置了什么东西,以至于必须为'地球上的主要罪犯'做出牺牲。"

其中"人们"是特拉夫尼们自己在设想,移情为"海德格尔想问的是",犹太人怎么会把自己的"独特先行设定"设置到"地球上主要违法者"的"违法行为"中而"自食其果"、"做出牺牲"呢?

又是用问话的形式,而且,是犹太人自己为自己的行为"做出牺牲"。如此"思考"、"书写"都像"现象本身"的自我呈现,客观得很,当然是在特拉夫尼同样"客观的转述"中。恰恰就是这种客观却已昭然若揭:海德格尔为纳粹德国推诿屠杀犹太人的罪责——是犹太人咎由自取啊。

人们都知道,特拉夫尼作为《黑皮书》编辑以"知情者"身份——放在"注释"中——揭露海德格尔弟弟在出版中删除了"这句话"——"抓不到这个句子了"。应该说,不仅对海德格尔,而且对海德格尔家族,特拉夫尼先生非常有力地"作证"了一个海德格尔"反犹太罪"要害。

## 【(80)读记43】"有根性底本土性"与"无根性底世界性"的对立

一如前述,谁"在这个斗争中声称并获得'世界统治权'","根本是无所谓的,就如同其命运:他们大都是被碾碎一样",表明,海德格尔的视野超出了"德国人"与"犹太人"的敌对关系,他关注的是为何大家都成为"形而上学的衍生物"?

如果要说"对立",也应该提升到"第一开端"与"另类开端"的对立,即"无根性底世界性"与"有根性底本土性"的对立,而不是二战中"德国人"与"犹太人"或"英国人"的敌对关系。

我再说一遍,没有透过二战现实表征而发现海德格尔背后思想脉络的能力,就不是金刚钻,就别揽这瓷器活。

## 【(81)读记44】"制作性充当了存在史意义上的运动"

在海德格尔看来,这种[围绕"制作性"的]"斗争""不敢纯在,而总是用实存"进行算计,并且把它的计算结果设为现

实。在这里的这个表述中,我们并不很清楚,离开犹太人,
"制作性"本身的特征是不是"无根基性"。对海德格尔来说,
应该在哲学上去理解,为什么"西方的东西"不能作为历史来
体验,向"到来者"开放自己,"而不是——无意识地——去模
仿美国主义,夸大美国主义"。"西方"堕入了"制作性"中不
能自拔,显然是丢弃了,在"思考与文学创作"中去奠基世界
这一源于古希腊的任务。为什么?

终于看见了特拉夫尼先生非常坦率地问出了自己不懂的
问题。这种坦诚才能真正达成我们讨论的真实基础。

(1) 我们并不很清楚,离开犹太人,"制作性"本身
的特征是不是"无根基性"。

(2) 为什么"西方的东西"不能作为历史来体验,向
"到来者"开放自己,"而不是——无意识地——去模仿
美国主义,夸大美国主义"。"西方"堕入了"制作性"中
不能自拔,……为什么?

关于(1)。犹太人不是西方人。"制作性"不是犹太人的专
利。早在古希腊,"制作性"就已经是亚里士多德《诗学》的主导
范畴了。"诗"高于"历史"正在于本质性的"制作"。因而,"技
术存在"高于"自然存在"、"逻辑学"高于"逻各斯"。当然,"高
于"仅在"古希腊"对"早期希腊"的所谓"启蒙"进化的意义上。

海德格尔在《阿那克西曼德箴言》中否定了"逻辑学"跟"逻各斯"的联系根本不是开端性的东西。正是基于逻辑学,亚里士多德的"实体"(即"个体存在者"被选为"本质性的")取代柏拉图抽象共相而伪造"本相"作为"主体"、"主词";"归纳"取代了"演绎"(无非是"倒置的演绎"),完成了形而上本质性"实存"哲学的建构——即成为虚构宇宙论物义论的始作俑者,开创了西方形而上学人为建构史。"本质性"在亚里士多德那里还是"偶性"范畴。后来的亚里士多德主义才把"本质性"扶正完全取消了"偶性"身份,成为"本体"。因而海德格尔才说亚里士多德并没有后来的亚里士多德主义"走得那么远"。中世纪的"最高者"、"唯一者"——"上帝"都应该算入亚里士多德的可逻辑证实的"实存哲学"中——"最高存在者"啊。犹太神学家才断然分割:"亚里士多德上帝与亚伯拉罕的上帝何干。"出中世纪后,英国人的"经验论"最直接地继承了亚里士多德的"逻辑实存论"。一直走到现代科学"依赖模型实在论"即离开科学家建造的"依赖模型"则"无实在可言"。①事实上,今日世界,依据柏拉图亚里士多德形而上学,人就可以从生活的"自然存在"转移到自己制造的"技术存在"即"技术座架"中生活——连根拔起的生活从此开始。西方大哲学家从自身的体会中不断给它重新命名:

---

① 参阅史提芬·霍金《大设计》。

**黑格尔**："形而上学史是堆满头盖骨的战场。"（"头
盖骨"即"本体"）

**马克思**：形而上学是意识形态，有两大特征，

"把特殊的东西说成是普遍的东西，窃真理
性之名；

再把普遍的东西说成是统治的东西，获权力
性之实。"

**尼　采**："柏拉图主义就是颠倒的虚无主义。"

**海德格尔**："形而上学史是遗忘'存在'的历史。"

上述命题都揭示了柏拉图亚里士多德开创的"形而上
学"自然上的"制作性"即"无根性"与政治上的"强权性"及
其"掠夺性"。

这一西方形而上学主脉，与犹太人毫无关系。我且不说
施特劳斯在《创世记》讲演中按"神创世七天"，把犹太人的
"神性之光"放在"创世第一天"，而把希腊人的"自然之光"
放到了"第四天"。事实上，希腊人就是要用"自然"对抗"文
化"，把"德性"（即功能性善）直接纳入"计算性"（柏拉图）与
"制作性"（亚里士多德）的"知识"中成为"功能"衡量，用智
能技术的强力意志扫荡"神言"（如犹太文化）与"圣言"（如
东方文化）以为得计，如今天然（仅四百年）。在这个意义上，
可以说，问题（1）是假问题。

问题（2）。同样，只有套在"进化论"中才有此问，才特别

不能理解"为什么'西方的东西'不能作为历史来体验,向'到来者'开放自己,'而不是——无意识地——去模仿美国主义,夸大美国主义'。'西方'堕入了'制作性'中不能自拔,……为什么?"

犹太人早就意识到"进化论"就是"末世论"。因为进化论是宇宙论物义论的,以"物"的尺度为尺度,它根本不向"人"开放,"到来者"是物。你看看历史:"到来者"是什么?从英国工业革命算起,是取代"水力磨坊"的"蒸汽机",是"电动机",是"核能原子弹",是"网络信息",是"人工智能",最终"到来者"是"超人工智能"的"第三型文明机器人"——人类面临"过滤掉"的危险。

除了最后一个"到来者"完全"过滤掉"人类尚在预言中,前述"到来者"愈来愈浓重的"物化"色彩,难道是虚假的吗?难道不是一步一步强化地指证着"'西方'堕入了'制作性'中不能自拔……"

海德格尔身处西方,能揭示西方思想的"无根性"已属不易,但未能觉察西方知识论的"无德性"即"无体性"。因而,单纯"以用代体"的西方人才不可避免地把人自身"连根拔掉"。

## 【(82)读记45】"对国家进行现代化"

对国家进行现代化、科技化,这本来就是17世纪英国工业革命以来的欧洲帝国主义国家的现实,战争更是它的催化剂,二战后愈演愈烈。这是西方人的常识。不过西方人,现在也包括特拉夫尼,一直享受着它的"世界化"的凯歌般行进的殖民主义成果,并十分乐意地自诩为"世界性"或"世界主义"。何乐而不为。但海德格尔不这么想。不是因为犹太人所作所为——他还在被驱赶被屠杀哩——而是西方人从古希腊就开始的技术理性及其沉迷于"制作性"的形而上学狂热。把这一条主线抽掉撇在一边,只抓住说犹太人的那几句话一个劲往"反犹太主义"上粘连,除了"罗织罪名",根本于事无补。

"无论如何,海德格尔把'无根基性'的'自我排除(Selbstausschluss)',视为'真正的胜利'——它应该意味着'制作性'和犹太人崩溃毁灭。"

前引"地球人类的毁灭"又作何理解呢?这里硬要把"犹太人"与"制作性"粘连在一起还"应该意味着",不过是"罗织罪名"的愿望而已。

## 【(84)读记46】存在史叙事一开始就包含了一种特定的角色:"反犹主义"

这里存在史上的反犹主义的问题就呈现出来了。存在史上的叙事的某些因素,是否从一开始就包含了一种特定的角色? ……同样,由于"美国主义"不认识"开端",由于它是追求"巨大的商务"的英国的后代,于是,存在史本身就不是反犹的吗?

所谓"存在史"当然要"从一开始"到《黑皮书》：

"从一开始"："存在史上的叙事的某些因素，是否从一开始就包含了一种特定的角色？"

到《黑皮书》："同样，由于'美国主义'不认识'开端'，由于它是追求'巨大的商务'的英国的后代，于是，存在史本身就不是反犹的吗？"

特拉夫尼下结论了："这里存在史上的反犹主义的问题就呈现出来了。"

开始和结尾是"问号"，结论是"句号"。就行文的顺序而言。结论在前，句号。然后，"从一开始"，问号；到《黑皮书》，问号。显然这两个问号是"反问式的"：难道不是吗？

"存在史上的叙事的某些因素，是否从一开始就包含了一种特定的角色？"叙事的某些因素当然是指"计算性"、"制作性"，即便它叙事的是古希腊柏拉图亚里士多德的形而上学"开端即没落"，那也是"从一开始就包含了一种[反犹主义]特定的角色"，难道不是吗？

同样道理，即便你在《黑皮书》中扩展到"英国人"、"美国人"，那还不是指涉着"世界犹太人"，难道你延伸到"美国主义"了，看起来超越了"犹太人"的特定性而成为世界史的普遍性了，即便如此，"存在史本身就不是反犹的吗？"

总而言之，海德格尔从1927年《存在与时间》问世，至少1930年后对"存在史"的研究，一直到《黑皮书》日记写作，始终包含了一种特定的反犹主义的角色。就差"导言"中的一句话:"海德格尔哲学就是反犹哲学"。

是不是有某种反犹意识形态占据了海德格尔的思想,以至于我们必须把海德格尔哲学称为"反犹哲学"?并且,以至于我们以后必须与这种哲学保持距离,因为根本——也不可能——有一个"反犹哲学"?并且,以至于我们在几十年后不得不认识到:海德格尔思想确实不能算作"哲学",亦非"思想",它不过是某种可怕的迷途?我们认为,这些问题必须遭到否定,然而得到这一答案的道路却并不简单。

原来,特拉夫尼在"导言"中的第7自然段说的话仅仅是"故作姿态"。到了第84自然段,结论却是:然而得到这一答案的道路——已不可能。因为,经过我特拉夫尼的批判,可以断言:海德格尔"从一开始就包含了一种特定的反犹主义角色"。也就是说,特拉夫尼设定的批判《黑皮书》的道路最终指向:"海德格尔哲学就是反犹哲学。"

我可以在"读记"结尾,将特拉夫尼先生定格在他自己的结论上了。

而我的"读记"能做到的,仅仅是,海德格尔的归海德格尔;特拉夫尼的归特拉夫尼。用中国成语说:泾渭分明。

# 【小结】

海德格尔"《黑皮书》事件"已经超出了海德格尔"存在哲学"范围。这个"超出"有多重意义：

**一是超出"哲学"范围，进入"主奴政治"沉浮；**

**二是超出"学究"范围，进入"土地与血"得失；**

**三是超出"西方"范围，进入非西方、进入世界历史、进入人类命运"受难地"复活。**

因此，只有那些有能力有准备越过两道"火墙"进入人类"受难地"的人，才能遭遇，才能短兵相接，才能决断生死存亡。

其他，不过是趋炎附势的意识形态喧嚣而已。


**什么叫"超出'哲学'范围，进入'主奴政治'沉浮"？**

西方哲学中无非是形而上学独断本体论与虚无主义底两

极摇摆,可现实中却是主动权、话语权的制定与服从、主人与奴隶格局的更换或延伸,其翻盘的可能性要比形而上学战场上的"头盖骨"少得多。海德格尔对"国家社会主义"的想象落空了,剩下对"科学主义-世界主义"末日般的恐惧。连深思的启示都只能裹在黑皮套里等待掘墓鞭尸。思想的叙事真的成了亡灵的招魂。因为德国断了脊梁,再也没有扛起历史重担的肩膀。

### 什么叫"超出'学究'范围,进入'土地与血'得失"?

一反老师柏拉图抽象计算的"本相论",亚里士多德回到"实体性"的"存在者"多样性研究,把"制作"给了"诗",矫正诗的"想象"与"浪漫"落实到"实体"的"制作"上,为了让"诗"高于"历史"。结果,力图高于"历史"的"诗",靠"想象"地"制作"成为"技术存在",取"自然存在"而代之,果然高高在上了,在"历史"之上,更在"自然"之上,成为"科学"。可怜亚里士多德做梦也不曾想到,高成"科学"的"技术存在"终将人从"土地与血"中连根拔起。因为,亚里士多德同老师柏拉图的距离并没有他自己想象的那么远。仍然受制于柏拉图计算知识的抽象,即柏拉图"一即多"计算的"本相",规定着亚里士多德"多即一"制作"实体"的本质取向,两者通过逻辑的演绎与归纳结合起来,完成智能性的"以像代是"的功能结构形式。这样才能使"技术存在"累积成庞然巨物般的"科学技术座架",完成对人类连根拔起地架空。柏拉图亚里士多德的"哲学",终于铰断了"诗"的脐带,人不再跟"土地与血"紧紧相连。"知识"变成"运算","哲学"变成"建构";剩下稀薄的空隙,让"思想"残留"反醒"。

回想起来,希腊人只有"在大海上除了波涛还是波涛"的印象。相比之下,海德格尔力图让遗忘"存在"的"存在者"恢复记忆,引回到"存在"之敞开即遮蔽式的二重性运作。在大地上行走的人能感受到"诗"就是对"土地与血"的眷恋。可惜在技术时代,这是多么迂腐的"学究气"。功利实用的海洋人接过柏拉图亚里士多德的"知识与哲学"即"计算与制作"直接得多——直达自己攫取力量攫取权力的功利主义目的——但宇宙论物义论的黄雀,早已在后照单全收了。

### 什么叫"超出'西方'范围,进入非西方、进入世界历史、进入人类命运'受难地'复活"?

近400年,西方只是西方,日落之地,不是世界,它主导不了世界历史,更主导不了人类命运。非西方,包括中东在内的东方,有权也有能力复活自己的声音。特别是当西方力图窒息非主流的海德格尔声音时,东方可以证实,海德格尔声音不过是东方声音的回响或交响。三点可证。

一点,"前苏格拉底"的"早期希腊"来源于东方。对之启蒙的"古希腊"哲学形成以"计算与制作"为特征的"智能功能性结构主义"。但它作为形而上学开端就已没落,遂沿着地中海海岸西行嫡传至英美法,相继演变为"原罪人性恶式资本主义"、"宇宙物义论科学主义"三次启蒙转折。结果,将人彻底剥落为"单子"以推动"人工智能"之"第三型文明机器人"时代的到来。为了兑现中东"神"的诅咒"进化论即末世论"?

二点,1930年到1942年,海德格尔已经意识到"开端即没落"之技术危机的端倪,力图用"本土性"回归"诗的神圣之体",挽西方"世界性虚无主义"狂澜于既倒。但他终究不过只"把形而上学带向其边缘状态":(1)虽然打开了西方独断的视野,预料到东方非同一般地存在,但终究受制于尼采"强力意志"底轮回;(2)虽然追问了"技术座架"的非人属性,仍含混于技术"以用代体"的"资本梦幻本质",不能走出其双重遮蔽而真正抵达"另类开端"驾驭技术于"中和"之境。

三点,海德格尔能够溯源到"古希腊"之前的"早期希腊",所谓"前苏格拉底"时期,发现"存在者"之根"存有(Seyn)"的"另类开端"——显即隐、敞开即遮蔽的裂隙二重性。已属不易。但仍固执于"存有"的抽象性质,沉迷于"另类开端"与"第一开端"之敞开即遮蔽的二重性运作,甚至在《黑皮书》中也没有找到超出"资本"归属"土地与血"的"文化之体"。换句话说,仍旧拖着古希腊"自然"高于"文化"的技术进化或文明进化的尾巴,终究克服不了对"自然"之强力属性的迷恋。这也是海德格尔终生回避"文化"、"伦理",或以为"存在者"之根"存在"就已经是"诸存在者伦理"之

"存在迷误"。《黑皮书》虽然觉醒,但政治高压下的时限已到。

事实上,人之为人,就是出离"自然"之"文化"底产物;而"文化"又不能背离"自然",只能像老子《德道经》言"道法自然"即"知其白守其黑"地"大化自然以致中和"。在西方用"技术存在"取代"自然存在"之后,以技术之名归属的宇宙论物义论,又叫非人属"自然"。东方仍然"道一贯之",即"以体制用"地"大化自然以致中和",使人"永执厥中"。当然,要在"极高明"的程度上方能"极高明而道中庸"。

否则,西方"资本启蒙"式的"以用代体",不断剥掉人的"文化之体",反过来将人还原于自然甚至还原到"基础物理主义"—"单子"地步,把地球人类拖入了非人属的"宇宙物义论"黑洞。

**可见,非西方的"文化人类"不摆脱西方资本技术进化论之双重遮蔽,重新恢复人的"文化之体"——"以体制用"地驾驭科学技术,人类就只能成为西方神诅咒西方人之"进化论即末世论"的殉葬品。**

**这就是海德格尔《黑皮书》的东方见证:**

**海德格尔声音不过是东方声音的回响或交响。**

我说过,犹太人不仅是中国人的一面镜子,也是世界人的一面镜子。可用马克思主义历史唯物主义的三重身份说明之。

犹太人马克思的"历史唯物主义"按马克思自己接受的源起"英国政治经济学"、"法国社会主义"、"德国古典哲学"组合而成,无论在历史实践上或在理论构建上,都堪称西方知识学形态的一个关键性发展阶段。海德格尔曾对它给予很高的评价,认为欧洲历史主义没有高过马克思"历史唯物主义"的。"西马"接着就指出马克思"历史唯物主义"是西方"最后一个人道主义形式"。

因此,我要在此较为详细地借它"一石三鸟"地说明问题:

(1)首先说明地中海希腊文明作为开端的西方历史为什么是"以用代体"的"功能结构主义"并发展到今天成为"非人属的物义论科学主义";

(2)作为犹太人的马克思如何想改造它力图使其转变到"弥赛亚主义"方向实现世界大同的"共产主义社会";

(3)中国人接过它如何走向世界性的"十字路口"遭遇人类历史性命攸关的"天命决断",即是彻底走向西方"以用代体"的非人属科学主义绝路,还是用东方文化"以体制用"地扶正到"神-人-物"制衡而人"永执厥中"的"中和之道"。

我想用这样一种历史动态的方式展现真正世界格局(不是西方代表的"世界性"或"普世性")的变动来呼应海德格尔

的"存在史地形学",既显示它的伟大的直观预见性,又指出它的西方局限而导致的迷惘。

请先看一幅马克思"历史唯物主义"基本图式:

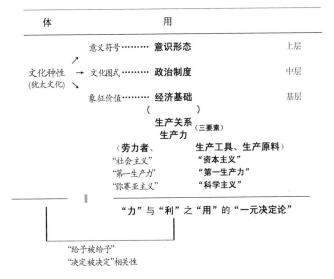

"图式"说明:

"黑体字"表示的是"马克思主义历史唯物主义"的"生产力决定论",典型的西方知识形态学——"形而上学一元决定论"之"功能结构主义"。所谓"一元决定论"就是"'力'(手段)与'利'(目的)之'用'(功能)"的"功能结构主义"。换句话说,在垂直关系上显示着"经济基础决定上层建筑",它来源于历史唯物的"生产力决定生产关系"。只是,马克思时代的"第一生产力"代表者是无产阶级的"劳力者"。而今天科技时代的"第一生产力"代表者是"资本"拥有的"生产工具与生产原料"。

"楷体字"分为两部分:一部分表示我今天认识到的不同"文化种性"具有不同的"意义"赋予——见"上中基三层"——它比"决定者"有更长远的影响力;另一部分写在"生产力"三要素中的"劳力者"下面,表示马克思当年意识的显隐二重性。

如果没有"楷体字"部分,单纯"黑体字"的西方"功能结构主义"一元决定论,马克思历史唯物主义必然遭遇"历史反讽"。事实上已然如此。有人早在二战后就已经指出,"历史唯物主义是用国民经济学语言说着的弥赛亚主义"(犹太人洛维特语)。但说者没有明确说出,马克思对"生产力"赋予了"双重性格"而"无意识":一方面把"生产力"当做"唯物主义基础",说着"国民经济学话语",而另一方面却赋予它"最后一个私有制资本主义掘墓人之特选子民"性质,说着"弥赛亚主义话语"。前面"唯物"的"国民经济学话语"是马克思有意识"说出的",而后面"文化"的"弥赛亚主义话语"却是马克思无意识"显示的"(显即隐)——因为他归根结底是"犹太人"——印证了另一个犹太人维特根斯坦式的"语言显隐二重性":"显示的"在"说出的"的界面之下。马克思当时迷恋于"科学"知识学形态,以为自己"从空想走向科学"创立了"科学社会主义"因而成就了"科学真理",掩盖(双重遮蔽)了弥赛亚主义的"犹太人或犹太民族"身份。

正因为如此,才能够解释:一个"像 1848 年那样的生产力",尽管比封建时代的"水力磨坊生产力"高出太多,可同今天"21世纪资本主义生产力"比较起来,岂止"小巫见大巫";但马克思为什么就能在一个"像1848年那样的生产力"上得出"超出资本主义生产关系而必然爆发社会主义革命"的"结论"呢?而历史却开了一个不大也不小的玩笑:"20世纪的资本主义生产关系"看到"社会主义阵营"苏联东欧土崩瓦解;连世界的"文化资本知识分子"都在欢呼"历史的终结"!

的确,看起来"历史唯物主义马克思"打倒了"弥赛亚主义马克思"!症结在于,"资本主义生产力"在达到消灭"资本主义生产关系"之前即"消灭私有制"之前,它朝着"资本式科学主义"方向走了而且很快就要走到"超人工智能"时代让"机器人生产力"自主决定"非人类第三型文明"宇宙时代的到来。然而,这恰好又兑现了"末日审判":"进化论即末世论"。用苏格拉底的话说:"死亡比罪恶跑得快!"

须知,当今人类世界并非只是西方人的世界,人类文化并非只是西方人的文化。由不得他们说了算。宇宙是"神-人-物"的宇宙,不是"唯物"的"单子"或"基本粒子"的"物义论宇宙"。西方从"古希腊"开始(不包括"早期希腊")经罗马帝国时期、基督教中世纪时期进入现代,走的就是"知识即功能"——"知识即力量"——"知识即功利"的"以用代体"物义论宇宙论路线。这条路线的逻辑是"以像代是"。例如,把人分解成"单子",再把"单子"组合成"人",但这"人"已经不是人了:"机器人"像人不是人。如此"以像代是"的功能结构知识学,把"真"规定"善"其实是取消了"善"。除了"功能功利的最大边际效益"是"真"牟取的,其他什么都消解了。"神"、"善"、"德"、最后"人之为人",都"以像代是"地"单子化"了。如今天西方然。神创造人,人杀死了神。同样逻辑,人创造了机器人,机器人杀死了人。这就是今天"超人工智能"的所谓"费米悖论"。但它们是西方强加给人类的绝路。

说到这里,世界的边缘尚止于"西亚即中东"。但今天,东方亚洲文化向世界进驻的时代开始了,它以中国复兴为标志。

上面我们已经看到,马克思有两个身份:一个是"西方人"身份,一个是中东"犹太人"身份。其西方人身份建构的"历史唯物主义"是典型的"功能结构主义知识学",最后走向宇宙论物义论"科学主义"。事实上,在上个世纪六七十年代"西马"捷克人科西克,已经在一篇文章中指出,马克思历史唯物主义"将把地球变成'行星工场'"。

马克思的犹太人身份无意识地赋予了作为"第一生产力"的"劳力者"一反西方"个人主义单子"而拥有"人的社会性"并怀抱解放全人类的"弥赛亚主义"。之所以"落空",或许原因在于,他没有意识到"生产力"的双重性:"唯物生产力"不过是"资本生产力"三要素的"功能结构主义"运作,走科学主义路线;而"为神生产力"("特选子民")则是在"资本私有制"排除后的政治神学行为。两者绝不是"以用代体"式的"生产力决定生产关系"的自然逻辑过程,而只能是作为

"弥赛亚之体"的"无产阶级"成长为能"以体制用"的政治神学足以驾驭科学技术"弥赛亚主义"地发展。后一点尚未达到马克思"自我意识",他的所谓"从空想走向科学",其"科学"只能是宇宙论物义论"科学主义",而不是弥赛亚主义"科学社会主义"。正因为不是,马克思仍反讽地回归于"空想社会主义"窠臼。

历史时间没有白流。马克思还有一个身份,那就是"借到"中国来的中国文化身份:"神言之体",有望换成"圣言之体";或更确切地说,"神言之体"与"圣言之体"结盟。"前科技时代"的中国文化把"以体制用"的"义利之辨"发展到极致。缺少的就是生产力的科技化,因而在西方"现代启蒙时期"蒙受了一百七十多年的屈辱。进入"后科技时代"的中国人已经"痛定思痛",他们向西方人的"哲言文化"学习,向犹太人"神言文化"学习,终于回到自己的文化种性中来体悟到自己的"圣言文化"根脉——"极高明而道中庸"。决心"不走西方道路":

谁能兼容世界"神-人-物"三极文化命脉而既能"有容乃大",又能"大化无极"而"致中和",谁就能承接"天赐之命"而守住人类底线。

"归根复命"的中国人必须拿出答案来。

中国人的"人仁之体"本身就注定了"扣两端而执其中"地"向神的智慧学习"与"向人的苦难学习",必须恢复"神-人-物"相互制衡的文化生态:**既使敬神以节制人的僭越,又使驭物以抵制人的物化,使"人"执其中而扣两端("神"-"物")地成"中和"之势。**

这才是东方人偕同中东人和西方人对人类历史承担的"天赐之命"。有东方的声音参与,西、中、东才成其为完整的世界格局,才能回复"人之为人"的人间正道。

2015 年 11 月 17 日初稿

2015 年 12 月 17 日修订

2016 年 1 月 17 日再修订

海甸岛

# 海德格尔与犹太世界阴谋的神话

### 彼得·特拉夫尼 著　靳希平 译\*

作德国人,就意味着:把西方历史的最内在的重担,掷于自己面前,并扛到肩上。

马丁·海德格尔《思索(七)》

妈妈,你是否还和从前在家时一样,

能忍受这轻柔的、德语的、痛苦的诗韵?

保罗·策兰,《墓畔》①

---

　　\* 作者简介:彼得·特拉夫尼(Peter Trawny),德国伍珀塔尔大学(Wuppertal)哲学教授,马丁·海德格尔研究所主任。自1998年以来编辑了4本《海德格尔全集》。如今又编辑出版了海德格尔的《黑皮书》,即该全集的94～96卷。本书译称"黑皮书"。

　　译者简介:靳希平,北京大学哲学系教授,北京,100871。

　　校者简介:谷裕,北京大学外国语学院教授,北京,100871。

　　① 译文参照:[德]保罗·策兰:《策兰诗选》,孟明译,台北:倾向文学社,2009年,第59页——谷裕注。

# 译 者 引 言

去年夏天,译者到德国为胡塞尔研究找材料,顺便访问了老朋友、资深现象学家 Klaus Held 先生。从 Held 那里得知,德国伍珀塔尔大学之所以成立海德格尔研究所,主要是为了方便编辑、出版海德格尔的一系列黑皮本(Schmarzen Hefte,有人译为"黑色笔记本"①),里面是海德格尔的思想札记。他还告知我,此事引起了不少海德格尔的亲朋好友、学生及追随者的担心:札记中有海德格尔明确的反犹言论。2014 年 2 月初,当代知名现象学家、德国伍珀塔尔大学哲学系主任 Prof. Dr. László Tengelyi 访问北大期间,也谈到海德格尔思想札记出版引起的争论,并且极力建议译者将《黑皮书》(原译《黑皮本》)移译为中文。与此同时,北京大学刘哲教授得到了德、法新闻媒体对此事的反映与报道,并将其转发给了相关同仁,在同仁之间引起了讨论。

彼得·特拉夫尼的《海德格尔与犹太世界阴谋的神话》这本小册子结合海德格尔的整个思想的发展,专门介绍分析全集第 94~96 卷的内容,特别是其中的反犹太主义问题。它对理解《黑皮书》乃至海德格尔整个哲学都很重要。该书 2014 年初出版,现在有英译本在出版中。② 年轻德国学者的哲学著作如

---

① 如发表于《中国高校社会科学》2014 年第 4 期的译文《国家社会主义、世界犹太集团与存在的历史——关于海德格尔的黑色笔记本》。

② Peter Trawny:*Heidegger and the Myth of a Jewish world Conspiracy*,translated by Andrew J. Mitchell,prepared for:University of Chicago Press,2014.

此快地出版英译本,十分少见,可见国际学界对此小册子的重视。现将小册子的核心部分译成中文献给读者,供学界同仁参考。

海德格尔的《黑皮书》以及特拉夫尼的讨论,涉及范围很广,内容大多超出传统意义的哲学讨论,加之译者本人不是日耳曼学科班出身,为了保证译文的准确,特聘请北京大学德语系日耳曼学专家谷裕教授出山,对译文做了全面校订。

## 导论:一个需要修正的论题

列奥·施特劳斯,汉娜·阿伦特,卡尔·略维特,汉斯·尧纳斯,伊曼纽尔·列维纳斯,维尔纳·布洛克,伊丽莎白·布洛赫曼,威尔海姆·思琦拉希,玛莎·卡乐库,保罗·策兰,这些犹太人,都以不同的方式与海德格尔有过交往。对他们来说,海德格尔或者是老师,或者是情人,或者是崇拜的思想家,或者是他们的支持者。在上世纪 20 年代,作为哲学家、大学教师的海德格尔,吸引了一批"犹太青年",①也就是说,在海德格尔的思想和

---

① Hans Jonas, *Erinnerungen. Nach Cesprächen mit Rachel Salamander*(《回忆——根据与 Rachel Salamander 的谈话》), Insel Verlag: Frankfurt am Main, 2003. Hans Jonas 在该书第 108 页及以下写道:"很多年轻的海德格尔的崇拜者——他们来自很远的地方,包括从柯尼斯堡(Königsberg)——是犹太青年。这种亲和性(Affinität)可能是单方面的。这么多的犹太青年单单涌向他,我不知道,海德格尔是否感觉很舒服,但是他本人实际上根本不关心政治。"最后关于海德格尔不关心政治的断定,显然是错误的。在"第三帝国"时期,和大多数的教授相比,海德格尔对政治的关心要强烈得多。

犹太文化之间存在着一种亲和力。① 这经常被视为不争的事实。就像海德格尔与策兰的交往一样，1945 年之后，他的犹太学生与他的交往是痛苦的：又钦佩又反感，进退维谷。② 毫无疑问，后来他们之间的关系有了改善的迹象：50 年代初阿伦特重回德国，也是重新回归海德格尔。

当时肯定也存在着愤怒。同样有着犹太血统的雅克·德里达，在他的《海德格尔的沉默》这篇短文中直接说，海德格尔对"战后对奥斯维辛集中营的沉默"，是对"思想的伤害"。③ 海德格尔没有在公众面前，对纳粹焚烧犹太人的暴行有过任何表态。因为，对于海德格尔而言，公众并不是道德审判机关，而是相反。他经常谈论"公众专制"。④ 缄默、守口如瓶（Das Schweigen, das Verschweigen）对于他而言是一种哲学的姿态。也许他私下对最私密的朋友曾经对奥斯维辛集中营讲过些什么吧？但是，我们

① Marlene Zarader, *Ladette impensee：Heidegger et l'heritage hebraique*（《出人意料的债务：海德格尔与希伯来文化遗产》），Paris：Seuil，1990。

② Gerhart Raumann, *Erinnerungen an Paul Celan*（《回忆策兰》），Suhrkamp Verlag：Frankfurt am Main，1986。

③ Jacques Derrida, "Heideggers Schweigen"（《海德格尔的沉默》），in：*Antwort, Martin Heidegger im Gespräch*（《回答，海德格尔谈话录》），hrsg.：Günther Neske und Emil Keuering, Neske Verlag：Pfullingen 1988，S. 159："'对思想的伤害'是什么意思？什么或者谁造成了谁的伤残？在海德格尔的思想中，这种'伤害'发生了吗？这对他带来了什么影响？还是说，海德格尔的思想根本就是对思想的伤害？我们的思想受伤了吗？从根本上看，反犹主义是对思想的伤害吗？"

④ 比如，海德格尔《关于人道主义的信》（Martin Heidegger, "Brief über den：'Humanimus'", in：*Wegmarken, Cesamtausgabe*, band 9, hrsg.：von Friedrich-Wilhelm von Herrmann，Frankfurtam Main，2/1996，S. 317）。

没有任何涉及相关内容的文本证据。虽然，至少在一首海德格尔为阿伦特写的诗中，我们看到海德格尔谈到"负担"，但是，这首诗到底能有多大的权重呢？

但是，愤怒并不能用作指控海德格尔是反犹主义者的证据。萨弗兰斯基在他的颇具影响的海德格尔传记中明确地断言，海德格尔不是反犹主义者。① 这是迄今为止占主流的看法。为海德格尔辩护的一个重要的论题是：尽管海德格尔——有人认为，在一个很短时间内，也有人认为，在一段很长时间内——参与了纳粹活动，但是反犹嘛，他从来没有过。他的生平就是很好的证据：一个与一群犹太人如此自然地一起生活，而且，甚至，至少有一个"犹太情人"的人，怎么可能是反犹主义者呢？

不管过去还是现在，无论是在偏见中还是流言蜚语中，无论是在伪科学的(种族理论或者种族主义理论)文献中，还是在行政上或者情感上，涉及"反犹太"，无非有如下几种意思：对犹太人的 a)诋毁污蔑，b)把犹太人视为一般的敌人形象，c)对犹太人进行孤立化，包括职业禁忌，设立犹太居住区，集中营等，d)驱逐——强迫移民，e)最终导致肉体灭绝：集团式的迫害、大屠杀，大规模的毒气室杀戮等。今天，还可以加上，把犹太人作为"犹

---

① Rüdiger Safranski, *Ein Meister aus Deutschland. Heidegger und seine Zelt*(《来自德国的大师：海德格尔与他的时代》)，Hanser Verlag：München u. Wien，1994，S. 297："海德格尔——一个反犹主义者？ 他不是国家社会主义的疯狂的意识形态体系意义上的反犹主义者。但是令人瞩目的是，不管是在课堂讲演中还是在哲学著作中，还是在政治谈话和小册子中，我们找不到任何种族主义的言论。"

太人"进行特征刻画,也是反犹的。一方面,事实上,反犹的这些不同的形态和等级之间,很难分得一清二楚,但另一方面,我认为,语词上对犹太人的贬低,就意味着一定支持对犹太人的大规模的屠杀,是成问题的。①

对海德格尔的观察获得了一个新的、迄今不为人知的一面:在某一段思想道路上,这位哲学家向反犹主义打开了他的思想,准确一点说,向可被称为"存在史的反犹主义"(seinsgeschichtlicher Antisemistismus)打开了思想之门。无论怎样,这点显然是不容置疑的。当然,一切取决于,如何界定"存在史的反犹主义"这个概念下我们所理解的内容。为这个概念建立一种敏感性,是我们下面的思考要做的第一步工作。

引入"存在史的反犹主义"这个概念必须审慎。因为,很显然,它能带来毁灭性的后果:无论是谁,只要是反犹主义者,无论在道德上,还是在政治上,就彻底完蛋了,特别是在对犹太人大屠杀之后。倘若沾上反犹的嫌疑,海德格尔哲学无疑将遭受巨大打击。20 世纪最伟大的哲学家之一,不只是同意纳粹运动,而且还曾经赞同反犹主义,这怎么可能呢? 要回答这个问题,绝不是一件容易的事情。这个问题在海德格尔的思想上打上了烙印,也给我们出了个难解之谜。

这个难解之谜迫使我们面临进一步的问题:海德格尔的整

---

① 关于 Walfgang Benz 的问题,参见其著作《什么是反犹主义?》(Walfang Benz, *Was ist Antisemitismus*? C. H. Beck;München,2004)第 9 页及以下。

个哲学，是否与反犹主义错合在一起了？如果是，在何种程度上？是不是有某种反犹意识形态占据了海德格尔的思想，以至于我们必须把海德格尔哲学称为"反犹哲学"？并且，以至于我们以后必须与这种哲学保持距离，因为根本——也不可能——有一个"反犹哲学"？并且，以至于我们在几十年后不得不认识到：海德格尔的思想确实不能算作"哲学"，亦非"思想"，它不过是某种可怕的迷途？我们认为，这些问题必须遭到否定，然而得到这一答案的道路却并不简单。

"错合(Kontamination)"这个概念，对于下文具有一种独特形式上的重要性。《黑皮书》是在一定特定阶段写下的文字，受到了反犹主义的侵害，也就是说，错合在《黑皮书》中某些段落的反犹主义，也触及并损害到了其他内容。结果是，迄今为止一直作为理论上的中立观点被把握的那些思想，现在却在另外一种光线之下显得变了样子。之所以会发生这种情况，就是因为污染、错合侵蚀了思想的边缘，将其溶解，使其模糊。这样就使得关于海德格尔的思想的面貌(Topographie)发生了动摇。对海德格尔思想的解读必须面对这个危机。一切都取决于对下述问题的回答：海德格尔的思想在多大程度上受到污染、错合，如何界定这种污染、错合。

"反犹"这个标签特别危险，因为这个词经常如此使用，以至于它与"屠犹"有某种意识形态上的同谋的味道。难道所有的反犹主义都必然导向奥斯维辛的大屠杀吗？不是的。种族灭绝的"病源学"理论一直是成问题的，因为它的含义有歧义性。海德格尔关于犹太人的言论,不可以简单地同奥斯维辛大屠杀联系在一起。当然,尽管没有证据证明,海德格尔是支持对犹太人的"有官方组织的大规模屠杀"(阿伦特语),尽管没有任何迹象表明,海德格尔知道纳粹灭绝营中发生了什么,仍然没有人可以完全排除下述可能:海德格尔曾认为,对犹太人实施暴力是必须的。一种处于善与恶的彼岸的思想,有它自己的思维逻辑的必然性。这种可能性的残留是毒液,直接影响着对海德格尔的某些言论的评估。

迄今为止,一直不为人知的海德格尔的反犹言论,就存在于海德格尔的《黑皮书》中。"黑皮本"是海德格尔自己发明、使用的名称,用来指称 34 册以黑色防水布为皮的本子,①在这些本子中,海德格尔以一种特殊的形式,表达了他从 1930 年代到 1970 年代之间的思想。大部分文字的题目都十分简单,比如"思索"、"说明"、"四册本"、"提示"、"先期准备"。还有两个题目:"Vigiliae(警醒)②"和"Notturno(小夜曲)",较为怪异。它们不仅在《黑皮书》中显得怪异,就是在全部海德格尔的著作中也是很怪异的。所有的本子都有罗马数字编号。这些本册未能全部保留下来。包含"思索(一)"的整个第一册本子遗失了。遗失的那些文字的命运,不得而知。

《黑皮书》中的罗马数字的标序,同文字写成的时间顺序并

---

① 具体数量如下:《思索》14 册,《说明》9 册,《四册本》2 册,《警醒》2 册,《小夜曲》2 册,《提示》2 册,《先期准备》4 册。

② 这个词似乎与修士祈祷有关,比如修院第一次祈祷是在凌晨三点,叫 Vigil,拉丁语为 Vigilia——谷裕注。

不一致。有的时候,海德格尔同时在几个本子上写作。有少数的地方有修改。这些文字并不总是以格言体书写的。我们不能设想,海德格尔的这些文字是直接写入本子里的。之前肯定另有草稿,只不过没有留下来而已。因此,这里涉及的文本,并不是单纯的私人文字或者笔记,而是经过认真加工的哲学文本。

根据海尔曼·海德格尔(Hermann Heidegger)提供的信息,《黑皮书》作为《海德格尔全集》的结束部分应最后发表,这是他父亲海德格尔自己的决定。但是基于很充分的理由,海尔曼变更了父亲的这个决定:这些手稿实在是太重要了,不应该让这个文本听任其他文本编辑进程的偶然性的摆布。海德格尔的其他著作中对这些文本的提示,证明了这部分手稿的重要性。《黑皮书》难道是他的哲学遗书吗?

这些独一无二的手稿的地位,以及它们同其作者生前出版的著作(如《存在与时间》)、生前未出版的著作(如《哲学论稿》)、讲课稿、文章和讲演稿之间的关系如何,完全取决于对上面这个问题的回答。如果《黑皮书》是他的哲学遗嘱,那么,在所有海德格尔的其他著作文字的语境下,这些手稿就应该作为从中提取出的精华,或者作为基础文本,或者既作为精华又作为基础文本来研读。海德格尔在其生前未发表的著作中,不断地提示读者去参照《黑皮书》,这一点恰恰为上述评估提供了支持。但是《黑皮书》中很少见到如《哲学论稿》那里透出的那种哲学强度,这一点又为反对上述评估提供了依据。

《黑皮书》的特色之一就是它独一无二的写作风格。如果人们假定,海德格尔生前未发表的文字为秘传的文本的话,那么,这些笔记本中的海德格尔思想就更加具有私密性。在一般著作中,作者习惯于隐而不显,而在这些笔记本中,作者以个人的身份登场。但是,这些手稿不是日记或者思想日记,它们无处不是海德格尔自己最真实的思想的直接展示。那么,这些文本怎么可能个人化呢?难道写作《黑皮书》的那个人物不是仍然让哲学家隐藏在后面,依旧是躲避公众的一个面具吗?它那 30 年代出现的特殊的令人当下十分尴尬的口号中,难道不是也在藏匿着他自己吗?

海德格尔的哲学或许远离公众,完成于沉默和寂静的边缘?我们在他战后写下的一段文字中看到这样的话:一种特定的"说明,依据其本质,不再是为公众中的读者而讲的",而是"属于纯在(Seyn)的天赐之命本身及其寂静"。① 一种处于读者的彼岸、为"纯在的天赐之命本身"而写的作品?后面我们会看到,最后,海德格尔最终是与这种极端风格相矛盾的。

这一点给我们后面必须考察的那部分《黑皮书》的内容投下了一缕光明。这里我们要说的是写作时间延续到 1948 年的那部分手稿。在这些手稿中,主要是 1938 年至 1941 年间的那部分,或多或少地直接谈到了"犹太人"问题。犹太人被安置于一种"存在史形态学"或者"自身(我)形态"(因为每一个地域都相应

---

① 海德格尔:《说明(二)》("Anmerkungen Ⅱ"),第 77 页,见《说明(二一五)》(Anmerkungen Ⅱ—Ⅴ),《海德格尔全集》第 97 卷,将由彼得·特拉夫尼编辑出版。本文凡引用《黑皮书》给出的页码,都是《黑皮书》各册原来的编码。

于一种特殊的同自身的关系）之中，并在这种形态中赋予了犹太人一种特殊的、专门的意义。恰恰是这种意义具有一种反犹主义的性质。

海德格尔的反犹言论——被登人哲学语境中的反犹言论——只见于哲学家尽量不向一般公众舆论开放的这批手稿中。他的反犹言论也向国家社会主义者保密。① 为什么？因为他认为，他的反犹主义与国家社会主义的反犹不同。这一点在一定条件下是正确的。尽管如此——在这里，必要的审慎是必不可少的。海德格尔对公众不仅隐匿了他的反犹主义，而且隐匿了他的整个思想。早在1935年他就说："在另一类开端中的思维，不是为公众的。"②隐藏反犹主义这种行为，被纳入到一种思想中，这种思想只能在公共舆论中被认作是对哲学的完全犯罪。

下面的思考所遵循的解释路线，完全与辩护无关——尽管

---

① 参见 Holger Zaborowski, *Eine Frage von Irre und Schuld? Martin Heidegger und der Nationalsozialismus*（《是关于迷失与责任的问题吗？海德格尔与国家社会主义》），Fischer Verlag：Frankfurt am Main，2010，S. 637："假如海德格尔事实上真是内在的、深信不疑的，德国纳粹代表的种族主义的反犹主义意义上的反犹主义者的话，那么在1933年到1945年期间，特别是在任大学校长期间，他有大量的机会，来向公众表达这一思想，以便阻挡当时新的当权者。"这是反对说海德格尔是"内在的、深信不疑的反犹主义者"的根据。然而我们知道，海德格尔一直倾向于让自己的思想躲开任何形式的公众舆论。在他看来，哲学与公众是相互排斥的。所以，他把自己的反犹思想隐匿起来，从这个意义上就不难理解了。

② Martin Heidegger，"Überlegungen Ⅵ"（《思索（六）》），in：*Überlegungen* Ⅱ—Ⅳ，*Gesamtausgabe*（《海德格尔全集》），band 94，hrag.：von Peter Trawny，Frankfurt am Main，2014，S. 14.

海德格尔的著作的确需要辩护。以下的解读遵循着已经提到的污染、错合的过程，因此，其中所表达的一些判断可能会显得片面，也可能是完全错误的。以后的讨论可能会驳倒或者更正我的解读。如果这种情况发生，最高兴的首先是我本人。

## 一幅存在史方面的图景

《存在与时间》出版之后的几年里，在哲学上海德格尔一度陷入危机。它表现在好几个方面：不仅《存在与时间》第8节中所宣布的该书第二部分未能按计划出版，就是第一部分的第三篇，也只加工到1927年夏季课堂讲稿的形式。在其后的课堂讲稿中展示的，都只是一些试探性的尝试。建立"关于存在的严格科学"的规划①没能完成。而关于"后存在论（Metontologie，超存在论）"的工作②，也只达到为开始阶段准备材料的水平。与此相关的关于自由的形而上学的研究工作③，则停留在一些残断不整的片段研究的阶段。

---

① Martin Heidegger, *Grundprobleme, der Phänomenologie*（《现象学基本问题》）, *Gesamtausgabe*, band 24, brsg. : von Friedrich-Wilhelm von Herrmann, Frankfurt am Main, 1975, S. 15.

② Martin Heidegger, *Metaphysische Anfangsgründe der Logik im Ausgang von Leibniz*（《从莱布尼茨出发：逻辑学的形而上学的开端之基础》）, *Gesamtausgabe*, band 26, hrsg: von Klaus Held, Frankfurt am Main, 1990, S. 199.

③ Martin Heidegger, *Vom Wesen der menschlichen Freiheit. Einleitung in die Philosophie*（《论人类自由的本质》）, *Gesamtausgabe*, brnd 31, hrsg. : von Hartmut Tietjen, Frankfurt am Main, 1982.

这时,哲学家与叙事相遇(Narrativ①):叙事逐渐使他的思想发生了革命性的改变。哲学似乎已经凝聚在无生气的立场之中。尽管《存在与时间》在学界获得了巨大成功,但是这并不意味着,整个哲学的学术界都被动摇了。学术研究持续不断地进一步分神,不干正事,对此海德格尔觉得越来越不可容忍。时代本身也陷入了经济危机。如此下去,显然不行。政治上的变化开始显得不明朗,然后直接诉诸暴力。

在《存在与时间》中,哲学家就已经说明了,什么是他理解的"天赐之命(Geschick)"②:"天赐之命"就是"人民全体事件的发生"。个人的生活之路"预先已经被导入""在同一个世界中的相互共在中,和特定的可能性而作的决断中"。"在分有与战斗中""天赐之命的力量才真正得到解放"。这是"唯一的权威,只有它才是自由的生存"。③ 对海德格尔来说,那"真正的彼在(此

———————

① 我(彼得·特拉夫尼——译者注)倾向于用"叙事(Narrativs)"这个概念。我认为,"再神秘化(Remythisierung)"不是一个合适的概念。海德格尔对建立"新神话"并不感兴趣,尽管他在后期的手稿中显得好像要恢复"生发之神话(Mythologie des Ereignisses)"(Martin Heidegger, *Zum Ereignis-Denken*,*Gesamtausgabe*,band 73, hrsg. : von Peter Trawny, Frankfurt am Main,2013,S. 1277)。在《思索(二)与提示》中海德格尔说:"更不是空想出来的任何形式的神话;[…]"(Martin Heidegger, "Winke x Uberlegungen[Ⅱ] und Anweisungen"[《提示加思索(二)以及说明》], in: *Überlegungen Ⅱ-Ⅵ*, *Gesamtausgabe*, hand 94, hrsg. : von Peter Trawny, Frankfurt am Main,2014,S. 84)。上面提到的"生发之神一话"一定是处于讨论的开始时使用的,它是要追踪探究存在史的叙事特征。

② Martin Heidegger,*Sein und Zeit*(《存在与时间》), *Gesmtausgabe*, band 2, hrsg. : von Friedrich-Wilhelm von Herrmann. Frankfurt am Main,1977,S. 508.

③ Martin Heidegger, *Sein und Zeit*,*Gesamtausgabe*,band 2,hrsg. :von Friedrich-Wilhelm von Herrmann. Frankfurt am Main,1977,S. 516.

在①)"总是已经被放逐于这种"天赐之命"中。在海德格尔看来,外在于"天赐之命",就是"人生彼在(此在)"的堕落形式。后来,1945 年之后,在"虚无主义中"接触的是"美国主义的非历史性"②——它意味着对上述"天赐之命"的摧毁。

正当一切奔向终结之时,海德格尔开始去发现新的"开端"。早在 1931 到 1932 年的冬天,他就在公开大课上讨论到"西方哲学的开端",以及与此密切相关的同"真理"的关系。③ 在这个大课的前一半,他第一次解读柏拉图的"洞穴比喻"。在解读的进程中,海德格尔强调指出,"今天尽管赐死的毒药和武器都已经齐备"(海德格尔这里讲的是苏格拉底被人用毒药毒死的事情),然而却缺了个"哲学家"。"在今天",人们还能看到的,只是"优秀程度不同的好的智者","他们是为人们期待的哲学家的到来开辟道路的"。④ 终结与开端,被哲学家的到来联系在一起:一种哲学,处于智者们坐而论道的日常学术活动的彼岸。

关于开端的真正的大课讲演始于 1932 年夏。后来海德格尔

---

① 我总觉 Dasein 译为"此在"有问题,译为"彼在"或者"人生在彼"才符合海德格尔要表达的意思——靳希平注。

② Martin Heidegger, *Hölderlins Hymne" Der Ister"*(《荷尔德林的颂歌"Der Ister"》), *Cesamtausgabe*, band 53, hrsg. : von Walter Biemel, Frankfurt am Main, 1984, S. 179.

③ Martin Heidegger, *Vom Wesen der Wahrheit. Zu Platons Höhlengleichnis und Theätet*(《真理的本质——柏拉图的洞穴比喻和泰阿泰得篇》), *Gesamtausgabe*, band 34, hrsg. : von Hermann Mörchen, Frankfeunrt am Main, 1988, S. 10.

④ Martin Heidegger, *Vom Wesen der Wahreit. Zu Platons Höhlengleichnis und Theätet*, *Gesamtaugabe*, band 34, hrsg. : von Hermann Mörchen, Frankfeunrt am Main, J988, S. 85.

指出,"从 1932 年上半年以来",他一直坚持着"该计划的基本框架",没有改变。这个计划在"《哲学论稿》手稿中才获得了它的第一个形态"。① 值得人们关注的是,这个大课讲演是对阿那克西曼德和巴门尼德的阐释。该大课以叙事的咒语②为开场:"我们的任务:哲学思维的中断? 也就是说,从'对纯在(Seyn)的"意义"(真理)之源初地追问'而来的那种形而上学的终结。我们想要去寻觅西方哲学的开端……"③海德格尔找到的是关于终结和开端的叙事:至少在 15 年中,他把这种叙事作为"存在的历史"反复不断地加以思考。

此时推动他的哲学前进的开启工作,不再是关于历史地经典化了的文本之解释学,或者关于历史地经典化了的世界之解释学的追求,而是将其思维同实质上极具革命性的欧洲历史的整个进程紧密联系在一起。其中具有决定性的是,这里说的进程也包括《存在与时间》在内。在阿那克西曼德、赫拉克利特和巴门尼德这些苏格拉底之前的哲学家的思想中,海德格尔越来越多地发现,这个开端现在已经走到尽头。"智者们"相互间竭尽全力去说服对方,接受自己的已经历史地僵死了的立场,他自己也一度是他们中的一员。而此时的政治局势已经到了爆炸性

---

① Martin Heidegger, *Besinnug*(《沉思》), *Gesamtausgabe*, band 66, hrsg.: von Friedrich-Wilhelm von Herrmann, Frankfurt am Main 1997, S. 424.

② Beschwoerung 是招魂,驱魔的咒语之意——谷裕注。

③ Martin Heidegger, *Der Anfang der abendländischen Philosophie* (*Anaximander und Parmenides*)(《西方哲学的开端:阿纳克希曼德和巴门尼德解读》), *Gesamtausgabe*, band 35, hrsg.: von Peter Trawny, Frankfurt am Main, 2012, S. 1.

的阶段。一切都给人以急迫的印象：开端必须重演。海德格尔通过哲学语言所表达的内容，已经不再局限于他自己的思想，而是突然占据了整个的世界历史，而当时在他看来，这绝非偶然。

上面引述的 1932 年夏天讲课的那段文字中，有指向《思索（二）》——也就是现在保存下来的《黑皮书》的第一册——的提示。在那里，关于"哲学中断"的思想贯穿始终："今天我们最终还是要中断哲学思维，因为，人民和种族成长到不再能承受哲学思维的程度；哲学思维只会使其人民和种族的强力更加破碎，跌落为非强力。或者这个中断尚未成为必然，因为很长时间以来都没有发生过什么大事了。"①可供选择的可能性如下：我们或者彻底与哲学断绝联系，因为，哲学处于特定的衰落的历史的终极阶段；或者因为哲学已经如此之弱，以至于排除了继续做下去的可能性。最后，可能两种原因碰到一起：当时代的学院哲学与当时代本身一样脆弱。②

----

① Martin Heidegger, " Winke x Überlegungen ( Ⅱ ) und Anweisungen", in: *Überlegungen* Ⅱ-Ⅵ, *Cesamtausgabe*, band 94, hrsg. : von Peter Trawny, Frankfurt am Main, 2014, S. 89.

② 这里从事的是"Metapolitik"，后政治学（超政治学）。这个概念用于重新评价海德格尔时，应该从其特殊的意义上加以理解。此外，关于纳粹时期海德格尔的"政治"这一概念，参见 Christian Sommer, "Heidegger 1933"（《海德格尔在 1933 年》）, *Le programme platonicien du Discours de recterat*, Hermann Editeurs; Paris 2013; Zaborowski, "Eine Frage von lrreund Schuld?" Heidegger und der Nationalsozialismus; Emmanuel Faye. "Heidegger", *Die Einführung des Nationalsozialismus in die Philosophie*, Matthes & Seitz; Berlin 2009; *Heidegger a plus forte raison*. Editions Fayard; Paris 2007; Tom Rockmore, *On Heidegger's Nazism and Philosophy*, the Regents of the University of California, 1992。我的文章并不是对海德格尔参加纳粹党以及脱离国家社会主义等问题的研究。这里我关注的是反犹主义的问题。当然这个问题作为一个重要的维度，必须放在整个语境中加以研究。

一个结果是"逃到"信仰中或者什么别的野蛮的盲目性中去。这里海德格尔所理解的野蛮的盲目性就是"理性化和科技化"。当然，理性化—科技化和"信仰"都被海德格尔拒绝了。这个中断一定得发生于另外的事件中。因为，这个中断的实施，必须同时"就是开端的实现——以便使得这个停止一定是最本征的发生（Geschehen）和最后的努力"。就像开端一定要变为现实一样，"中断"也要变为现实。但是，"被中断和被一终结"的必须只能是"那个希腊之后的哲学历史之开端乏术的迷失"。从这个"事件的发生（Geschehnis）"中可以出现一个"开端的启动"，一个"又一次开端"。"第一次"和"另一次开端"的叙事——通过"中断"而凸显出来——就这样被发现了。①

这是一种"关于纯在（Seyn）之历史"的叙事，海德格尔曾经对这个历史作了如下概括："第一次开端：升起，（理念），制作性。另一次开端：生发（Ereignis）。"这个整体就是"那纯在（das Seyns）"。② 而

---

① "第一次开端"与"另一次开端"的论题一直激动着海德格尔的思想，直到1945年。对这个论题必须进行分析鉴别。比如这个关系决定了《哲学论集（Beiträge zur Philosophie）》这部手稿的内容，这是十分清楚的。然而1940年以后的文本中，"另一次开端"说法尽管不是突然销声匿迹，但也是渐渐地越来越少。到了1941/1942年手稿《论生发（Das Ereignia）》的时候，其思想强调的重点早已不在这个关系上。在那里有这样的话："把开端经验为没落。"参见 Martin Heidegger, *Das Ereignis*, *Gesamtausgabe*, band 71, hrsg.: von Friedrich-Wilhelm von Herrmann, Frankfurt am Main, 2009, S. 280。这里强调的是对历史的具体的经验。战争发展的形势日益紧迫，作为 onto-tragische（存在—悲剧性的）运动的"没落"现在变得愈来愈重要。

② Martin Heidegger, *Die Geschichte des Seyns*, "1. Die Geschichte des Seyns, 2. κοινον, Aus der Geschichte des Seyns"（《纯在的历史，1. 纯在的历史，2. κοινον，从纯在的历史出发》）, *Gesamtausgabe*, band 69, hrsg.: von Peter Trawny, Frankfun am Main, 2/2012, S. 27.

叙事把两个开端和一个被标识为"制作性"的终结联系在一起。"制作性"就是到达其终结的"形而上学";这种形而上学就在"生发"中被超越过去（ueher-wunden wird,克服），被煎熬过去（ver-wunden wird,挺过）。这是一种非常亲近的规定。海德格尔通过不同的途径想出来的"生发"，不可能用一句话把它说出来,如果它根本上是可说的话。①

存在史的这种结构,这种叙事的结构,是有多义性的。这个叙述（Erzählung）的一个变体是在起源与失落—沉迷（Ursprung und Ab-bzw. Verfall）的关系中展开的。此处的沉迷并没有将起源之重复的特殊可能性完全摧毁,但是把它给遮蔽了,拒斥了。在这个意义上,"制作性"作为形而上学的终极形式,被移置于一个栖息之所,在那里,可能不仅仅经验到,"纯在之真理"之被拒斥,而且还可以经验到纯粹的发生。从他这个想法出发,距离我们将其称为存在史的摩尼教式的二元对立（Manichäismus）的思维方式,只剩下一步之遥。②

"制作性",也就是近代的科技,同时变成了开启另类场所的敌人。"制作性"必须消失,必须自我摧毁,以便另类东西——不管是隐蔽的还是公开的——得以发生。在 1941 年,海德格尔认为,"所有的帝国主义"——即战争中所有敌对的政治力量——"都被推向追求科技的最高程度的完善"。他预测,这是发生这

---

① 参见 Peter Trawny, *Adyton,Heideggers esoterische Philosophie*（《内部：海德格尔的秘传哲学》）,Matches & Seitz;Berlin,2010,第 94 页及以下各页。

② 我很清楚使用这个概念会引起的问题。摩尼教式的二元对立,主张光明与黑暗两种不可调和"原则"的斗争。与此对应,海德格尔把"纯在（ Seyn ）"与"实存"割裂开来（在"纯在"中又有"纯存在着的［ Seyendes ］"）。

类事情的"最后行动":"地球自身将被炸成碎片,现在的人类将彻底消失"。但是这并不是"不幸,而是存在通过实存的霸权统治,对其最深度的损毁的第一次净化"。①

"净化"的使用有多种含义:1."净化"是 καθαρσιζ②。它是海德格尔的"存在—悲剧式(onto-tragisch)"思想的要素:这里,存在(Sein)本身被视为悲剧。在亚里士多德的《诗学》里,καθαρσιζ 在悲剧的语境中发挥着重要作用。悲痛和恐怖的过度发作,恰恰导致这种激动状态的净化。作为宗教的神圣仪式的 καθαρσιζ 就更为古老了。③ 2."净化"是从不洁、肮脏中解放出来,而"不洁与肮脏"可以等同于"作为材料、作为物质的实存"。这个思想让人们想起了新柏拉图主义。粗略地说,新柏拉图主义在材料、质料中看到的是罪恶。3."净化"是对可能妨碍了本己的纯粹性的异样陌生成分的消灭。"去消灭实存"这个意义上的净化,海德格尔是拒绝的。但是,最后人们还是要问,海德格尔真的能完全撇清与这第三种净化的意识形态的关系吗?

这样这里似乎涉及"实存与纯在(Seienden und dem Seyn)之间决断"的问题,④仿佛"纯在"与"实存"之间的区别,构成二择

---

① Martin Heidegger, "Überlegungen XIV", in:*Überlegungen XII-XV*,*Cesamtausgabe*,band 96,hrsg.:von Peter Trawny,Frankfurt am Main,2014,S. 113.

② 古希腊文,净化的意思——靳希平注。

③ 参见 Walter Burkert, *Griechische Religion der archaischen und klassischen Epoche*(《上古和古典时期的希腊宗教》),Verlag W. Kohlhammer:Stuttgart etc.,1977,S. 129—142。

④ Martin Heidegger, "Überleungen X", in: *Überlegungen VII-XI*, *Gesamtausgabe*,band 95,hrsg.:von Peter Trawny,Frankfurt am Main,2014,S. 40. 参见 Martin Heidegger"Überleungen XIII", in: *Überlegungen XII-XV*, *Cesamtaugabe*,band 96,hrsg.:von Peter Trawny,Frankfurt am Main,2014,S. 28:"所有成员都知道那个决断:将是谁的统治:是实存的,还是纯在的。"

一的可能性。人们可以看到,这种叙事,这种叙事的气氛,于30
年代末,在海德格尔的思想中不断加深。他心中设想的这种追
求,最终把"纯在"解放出来的"决断"的张力,导致了他的思想日
益加剧的依赖性:他越想解放,就陷入越大的依赖性。① 这种思
想中留下了世界大战的明显痕迹。在海德格尔后期关于科技的
思考中,"构架(Ge-Stell)"②本身包含了与"纯在"的关系之可能
性,但这种关系业已发生了衍变:"纯在"与"实存"的摩尼教式的
二元对立减退了;"纯在"与"实存"的区分已经不是非此即彼的
对立;作为"敌人"的科技也消失了,尽管哲学家仍然在这里谈论
着对它的"痛苦经历(Verwindung)"。③

在《思索(九)》中我们可以看到关于存在史上的摩尼教式
的二元对立的进一步的例子。这些文字写于1938年期间。海

---

① 海德格尔自己看到这一问题,因为他曾写道:"当从一种直接
的依赖性中站起来,又跌入不可避免的所有的敌对和斗争之中,那种
奴役该有多么可怕!"(Martin Heidegger,"Überlegungen Ⅳ",im
*Überlegungen Ⅱ-Ⅵ*, *Gesamtausgabe*, band 94, hrsg.: von Peter Trawny,
Frankfurt am Main,2014. S. 93)关于海德格尔在"纯在"和"实存"之间
的这种特殊的二择一的方案,我们可以说,"纯在"同"实存"分割的越
厉害,它对实存的依赖性就越强。在这种情况下,"听之任之(Gelas-
senheit)"就意味着,"纯在"与"实存"之间的关系越松弛,他对这种关
系就越满意。

② 参见 Martin Heidegger,"Der Satz der Identitaet", in: *Identität und
Differenz*, *Gesamtausgabe*, band 11, hrsg.: von Friedrich-Wilhelm von Her-
rmann,Frankfurt am Main,2006,第45及以下各页。其中的说法可以使人
们认为,"构架(Ge-Stell)"可以看作"生发(Er-eigniss)"前奏。

③ Martin Heidegger, *Leitgedanken zur Entstehung der Metaphysik*, *der
neuzeitlichen Wissenschaft und der modemen Technik*(《关于形而上学、近代
可续和现代科技之诞生主导思想》), *Cesamtausgabe*, band 76, hrsg.: von
Claudius Strube,Frankfurt am Main,2009, S. 363.

德格尔注意到,"当前第二次世界大战已经进入人们的视野",看起来,"似乎真正的决断又一次未能被计算在内"。因为,"决断"的意思,"绝不意味着:战争还是和平,民主还是独裁,布尔什维克主义还是基督教文化——而是:是去沉思,且去寻觅,那经由'纯在(Seyn)'而来的开端性的生发(Ereignung),还是去妄想,最终地'人化'那些失去了根的人类"。① 然而人类也许变得不仅"无决断能力",而且"无决断需求"。因为"人的满足性"仅在"享乐(在这种享乐中,平庸与暴力走到一起)中不断膨胀"。这种"非此—即彼",已经到了无以复加的程度,而且还进一步展开为,是对栖居于"纯在"的"人生彼—在(Da-sein)"去自由进行思考,还是去做完全整合到现代社会的功能里面的,也就是,整合到"实存"里面的生物,繁殖苟延。② 在这种"二择一"的方案中,只能有一种暴力的决断。谁无视这个决断,他就堕入"妄想"。

没有一种叙事是不带主角演员、配角演员的。我们已经听到,海德格尔谈到"人民和种族"。在 1933 年以前的大课中,他

①　Martin Heidegger, "Überlegungen IX", in: *Überlegungen VII-XI, Ge-samtausgabe*, band 95, hrsg.: von Peter Trawny, Frankfurt am Main 2014, S. 16ff.

②　这第二种供选择的方案,让人们记起了存在史上的一个形象,即尼采的所谓"最后的人"。(参见 Friedeich Nietzsche, *Also sprach Zarathustra, Ein Buch für Alle und Keinen*, bd. 4, hrsg.: von Giorgio Colli und Mazzino Montinari, Dtv und De Gruyter Verlag.: München und Berlin, 1980, S. 19.)在整个《思索》中,没有任何其他哲学家能同尼采相比:人们到处可以感觉到尼采的身影。当时海德格尔想要以尼采的声音讲话,并试图超过尼采的声音。

并未使用过此类说法。然而,在这之前,《黑皮书》手稿中就已经出现这样的断言(好像无缘无故突然冒出来一样):"只有德国人还能源初地重新为存在作诗和讲谈(dichten und sagen)——只有德国人将重新占领 θεωρια(静观沉思)的本质(Weaen,具体实施)①,并最终创造出其逻辑。"②开始的时候,这个叙事只有两个主要演员:"希腊人"和"德国人",两者同时以交错的方式,分别扮演着开端和终结。"希腊人"标记着"西方哲学的开端"。当这个开端过渡到它的终结的时候,希腊人自己在这里就失去了进一步参与发展的途径和方式。③ 而"德国人"却恰好以(因)来到西方的方式,出现在终结发生的地方。在历史上,只有开端出现的地方,终结才会生发。

由于一切思想都包含在这个终结之中,所以,全部"德国思想"也迎来了这样的终结。但在这里,"德国人"开始在"希腊人"那里看出来了一个开端,也正因如此,"德国人"现在就有能力以另外的方式来重复这个开端。海德格尔期待,德国人首先能有一个纯粹的哲学的意图:重新发展"θεωρια(静观沉思)的本质(Wesen,具体实施)"和"逻辑"——也就是说,发展

---

① 德文 Wesen 一词,既可以指抽象的本质,也可以指具体的一类事物的具体存在。比如,eine weibliche Wesen,一个女人。也可指行为、活动——靳希平注。

② Martin Heidegger, "Winke x Überlegungen (Ⅱ) und Anweisungen", in: *Überlegungen* Ⅱ-Ⅵ, *Cesamtausgabe*, band 94, hrsg.: von Peter Trawny, Frankfurt am Main, 2014, S. 30.

③ 原文直译:希腊人自己以一种他们那里不可能再发展的方式参与到终结中——谷裕注。

创建出一种与迄今为止的近代的理论和逻辑完全不同的另类的 θεωρια（静观沉思）和另类的逻辑——对这样的计划，那些国家社会主义者本来是应该感兴趣的，尽管对他们来说，这个计划肯定有些晦涩难解。但是，为了使这个计划得以实施，首先必须把那个终结准备好。在上面引用的关于哲学的中断的《思索》中，在最后部分，作为结论，他写道，"那没落不是作为一种无价值的东西，而是作为德国人最内在和最外在的任务，而去主动抓住，并且坚忍地坚持，这样，那个没落也就达到了它的伟大。""没落"就是终结。它必须被看作是德国人的任务。它是"中断"的一种形式，这种形式就像是终结有意而为之似的——而不是简单地任其发生而已。后来海德格尔总是反复地回到这一关涉"没落"的"任务"。

现在海德格尔看到了展现在他面前的自己思想的蓝图。"希腊人"——"第一次开端"；"德国人"——"另一次开端"。所有的一切，中世纪、近代、现代所贡献的一切，都被纳入这个关系中。在历史的舞台上上演的所有的一切，都被视为某种阶段的先驱。首先是"罗马人"，然后是"基督徒"，尤其是其中的"耶稣会士们"，但是也包括"新教徒"和"天主教徒"，然后是"俄罗斯人"或者叫"俄罗斯民族（Russentum）"，"中国人（Chinesemum）"、"英国人"、"法国人"、"美国人"，"欧洲人"、"亚洲人"。所有这些人群之集合，都在"第一次开端"到"另一次开端"的秩序中获得了各自的位置。"犹太人"当然也在其中。

对于今天的我们而言,这些集合概念的使用是有问题的。但是依此去批评海德格尔生活的那个时代的人对这些集合概念的使用,那就是一种时代错位。① 这种使用在当时很普遍。比如,海尔曼·柯亨1915年在他的文章《德国人和犹太人》(Deutschtum und Judennum)中对这些集合名词的使用,与后来海德格尔的用法可以说毫无差别。就像德国人给一般的犹太人的特征定性一样,犹太人也用同样的方式给德国人进行特征定性。② 第三帝国的终结,也是这类集合概念的终结,并使得海德格尔叙事的框架——"德国人"和"希腊人"的两极相对的框架——随之散架了。

把海德格尔与国家社会主义绑到一起的所有的东西,都源于关于希腊的"第一次开端"和德国的"另一次开端"的叙事。这

---

① "当然,当我们说'德国人','犹太人'的时候,这种概念的泛化之困难会吓到观察者。但是在那些冲突四起的年代,这种分类倒是很好处理。尽管这类一般性范畴的问题是如此之大,但也未能阻止得了它们的有影响力的使用。"参见 Gershom Scholem, "Juden und Deutsche", in: *Judaica* 2, Suhrkamp Verlag: Frankfurt am Main, 1970, 第20页及以下。下文中我将把引号省略。理由是:我们还不能决定,是否可以彻底不用这些概念了。因为完全的个体化,需要一个普遍的视野作为出发点和背景。只要我们还没有真正地从集合认同中彻底走出来,那么,集合概念就一直保持它们的多义性。引号的省略并不是否定这种多义性,而是为了文本的可读性,这比引号要重要得多。

② Hermann Cohen, "Deutschtum und Judentum"(《德国和犹太人》), in: *Deutschtum und Judentum, Ein Disput unter Juden aus Deutschland*, hrsg.: von Christoph Schulte, Reclam Verlag: Stuttgart, 1993, S, 52: "德国族的人性仅仅建立在一种伦理学的基础上……在这一关键点上,倒是每个人都能感觉到,德国族同犹太族之间的内在的共同性。因为,人类这个概念就起源于以色列先知们的弥赛亚主义。"

类叙述构成了海德格尔欢迎"国家革命"①并愿意为其服务的基础。用这种叙事建立的联系,被海德格尔合成为一种"精神国家社会主义"②,以便与之前的"庸俗国家社会主义"③相区别。不管在哲学上他与国家社会主义有多大的分歧与距离,他的这种叙述一直忠实于这种精神国家社会主义,直到最后德国"投降"。④ 所以,海德格尔的思想与国家社会主义是有密切联系的,尽管不是"直—接",但是毕竟"间接"地联系在一起。这种叙述"同时以不同的方式,努力去实现关于德国人的本质和规定的决断,并且以此实现对西方文化的天赐之命(Geschick)的决断"。而对海德格尔而言,革命从一开始就意味着:由"德国人"去肩负起转变"西方文化的天赐之命(Geschick)"⑤的任务。告别这个

---

① Max Domarus: *Hitler. Reden und Proklamationen* 1932—1945(《希特勒: 讲演与声明》), bd. I. Triumph, Erster Halband 1932—1934, Süddeutscher Verlag:München,1965,S. 240. 奥托・威尔斯(Otto Wels)在拒绝1933年5月国家社会主义的授权法案的著名讲演中说:"国家社会主义党的先生们把由他们发动的运动称作民族(国家)革命(nationale Revolution),而不是国家社会主义的革命。"我之所以要提到这一点,就是因为,比起国家社会主义来,海德格尔关于希腊人和德国人那里的两个开端的叙事,更容易同民族(national)融合在一起。

② Martin Heidegger, " Überlegungen und Winke Ⅲ ", in: *Überlegungen* Ⅱ - Ⅵ , *Cesamtasgabe* , band 94 , hrsg. : von Peter Trawny, Frankfurt am Main,2014,S. 42.

③ 同上,S. 52.

④ Martin Heidegger, *Zum Ereignis-Denken*(《论对生发的思考》), *Gesamtausgabe*, band 73, I. hrsg. : von Peter Trawny, Frankfurt am Main, 2013,S. 848.

⑤ Martin Heidegger,"Überlegungen Ⅶ",in: *Überlegungen* Ⅶ-Ⅺ ,*Gesamtausgabe*,band 95,hrsg. : von Peter Trawny,Frankfurt am Main,2014,S. 24.

革命的过程,对海德格尔来说是十分艰难的。经过了很长的时间,他才找到了从世界历史的德国革命之梦中摆脱出来的思维方式。

　　与此同时,也是这种叙述,使得海德格尔能够同现实生活中的国家社会主义保持足够的距离。到 30 年代末期,海德格尔对现实生活中的国家社会主义的批评越来越激烈:批判它对种族概念的绝对化,批判它的一般意义上的生物主义,批判它对国家进行的科技化,批判它的帝国主义,最后批判它的国家(民族)主义。海德格尔可以把这种批判变换为"克服形而上学"的哲学思想,即将其变换为对国家社会主义——作为西方形而上学的最后的、但是必要的形态——的克服。这的确是这种富有成效的叙事的成果。而在实际的行动中表现出来的,则是海德格尔同国家社会主义关系的变动:在 1930—1934 年写下的一个说明①可以确凿证明,②在

　　① 据我看,海德格尔在《形而上学导论》中对这个运动(指纳粹运动——彼得·特拉夫尼注)的内在真理和伟大的著名评论(即[这个运动]是在星际尺度上起决定作用的科技与近代的人类的遭遇),就应该这样理解。对于向"另一个开端"的过渡而言,国家社会主义曾经是必不可少的。参见 Martin Heidegger, *Einführung in die Metaphysik, Gesamtausgabe*, band 40, hrsg.: von Petra Jaeger, Frankfurt am Main, 1983, S. 208。果然,这个说法在 1934/35 年冬季学期的大课讲稿,关于荷尔德林的 Germanien 颂歌:"Germanien"和"Der Rhein"(über Hölderlins Hymnen "Germanien" und "Der Rhein")中已经出现。但是,说海德格尔在此时就已经对国家社会主义作出了存在史上的解读,还是有些难以置信。"国家社会主义的内在真理和伟大"在 1935 年的时候的意思是:服务于与希腊人与德国人之间的关系对应的"第一次开端"与"另一次开端"的叙事。

　　② Martin Heidegger, "Überlegungen XI", in: *Überlegungen VII-XI, Gesamtausgabe*, band 95, hrsg.: von Peter Trawny, Frankfurt am Main, 2014, S. 76.

参加国家社会主义党团的第一阶段，与海德格尔寄希望于"另一次开端"的直接的革命性的实现，直接有关，而在接下来的第二阶段，海德格尔认为，"出于思考上的根据，以及对它加以肯定的必然性"①出发，尽管国家社会主义堕落到了完全的"制作性"中，但是，对于"形而上学的克服"而言，它仍然是历史发展中的一个必然步骤。

在这种存在史上的形态学（Topographie）中，犹太人是如何登场的，是至此我们尚未回答的问题。

## 存在史上的反犹主义的样式

反犹主义有不同的形式，但核心都是一个：反犹。同海德格尔有关的反犹，涉及的是《黑皮书》中的三段说明，它们以三种相互协调的不同方式，展示了存在史上反犹主义的内容。"存在史上的反犹主义"这个概念并不是说，这里有一种特殊的、精心炮制的反犹主义，或者说，它是一种更加狡猾的反犹主义。海德格尔的反犹是从一般的众所周知的反犹主义形式出发的。当然，海德格尔对它做了哲学的，也就是存在史上的解释。下面引用的三段话可以代表海德格尔这种解读的三种

---

①　Martin Heidegger，"Überlegungen Ⅺ"，in：*Überlegungen* Ⅶ-Ⅺ，*Gesamtausgabe*，band 95，hrsg.：von Peter Trawny，Frankfurt am Main，2014，S. 76. 海德格尔在这里对"思考上的根据"的强调，只可以这样理解：他遵照的是"1930—1934 年"间表现出来的政治根据。毫无疑问，这已经是一种自我解读，对此我们应该持审慎的保留态度。

类型。

（一）第一段引文及对第一段引文的说明①

1. 第一段引文

犹太人暂短的权力攀升的原因就在于,西方人的形而上学,特别是它在近代的发展,为一种往往空疏的合理性和可计算性的传播扩散,提供了初始条件。合理性和计算能力以此为自己获得了在"精神思想"中的一席之地,而与此同时,却不可能从其自身出发,去理解其中[西方形而上学中]隐匿的决定因素(领域)。将来的决定和问题愈加源初,愈加初始,这个"种族(Rasse)"就愈难以接近。(因此,胡塞尔通过废止对各种看法的心理主义的解释和史志学的错误评估而走向现象学的观察方式,具有持久的重要性——尽管如此,这种观察方式从来没有接触到本质性决断的领域,而是到处都以哲学的历史遗产为前提。其不可避免的后果显示,一旦转向了新康德主义的先验哲学,它最后就不可避免地继续向形式意义上黑格尔主义发展。我对胡塞尔的攻击,并非仅仅是针对他个人的,这不是最本质的。我的攻击更主要的是针对存在追问的迟误耽搁,也就是说,针对一般的形而上学本身。正是以此形而上学为基础,才使得实存的制作性有能力去决定历史。这种攻击的根据建立在这个最高决断的历史时刻:到底是实存的优势,还是纯在的真理的奠基,在它们之间做出决断的时刻。)②

---

① 为方便阅读,与德文原文不同,本译文将对第一段引文的说明移到第一段引文之后。下文第二段引文及对第二段引文的说明和第三段引文及对第三段引文的说明均作类似安排——编者按。

② Martin Heidegger. „Überlegungen XII", in: *Überlegungen VII-XI, Gesamtausgabe*, band 96, hrsg. : von Peter Trawny, Frankfurt am Main, 2014, S. 67.

## 2. 对第一段引文的说明

30年代后半叶，大概1937年左右，在《思索（八）》中，犹太人，犹太族（die Juden oderdas Judentum）作为存在史叙事的角色①首次直接亮相。② "'庞然巨物（Riesigen）'的潜伏最深的、也许'最为古老'的形态之一"，据说就是"'算计计算'和'倒卖放贷（Schieben③）'的

---

① Akteur有"行动者"和"演员"的意思，我们这里选用了"演员"含意——靳希平、谷裕注。

② 当然我不是指在全部海德格尔著作中，犹太人概念在这里第一次出现。我这里说的仅限于《黑皮书》。1933/34年冬季学期的研究班记录中，记下了下述表述成了讨论的话题："对于一个斯拉夫的民族（Volk）来说，我们德意志的空间的自然本性（Natur）的规定，显然不同于对于我们来说的规定。对于居无定所的闪米特民族来说，对这种规定就从来没有过感觉。"见海德格尔：《论自然本性（Natur）、历史和国家诸概念以及它们的本质》。1933/34年冬季学期讨论班。参见 *Heidegger und der Nationalsnzialismus*, Dokumente. *Heidegger-Jahrbuch* 4, hrsg.：von Alfred Denker und Holger Zaborowski, Karl Alber Verlag：Freiburg u. München, 2009, S. 82。对于海德格尔而言，地域与自身之间的关系十分重要，而这个说法恰恰同海德格尔这一重要贡献相吻合。"大地"对海德格尔而言不是一般意义上的地球的意思。而是指，对于不同的民族而显得完全不同的、在其相应的水土中的"生根（Verwurzelung）"（中国人所谓的"一方水土一方人"——靳希平注）。在这个意义上，德意志的国土唯一地适应于德意志人。上面引述的表达，从内容上看，属于存在史上的反犹主义，但是从用词上不太像海德格尔的用语。这个讨论班记录的执笔人是 Helmut Ibach。也许他就是《袖珍战地讲道书》（Kleine Feldpostille, *Soldatische Riebtbilder aus drei Jahrtausenden*, Verlag A. Fromm：Osnabrück, 1962）一书的编辑者 Helmut Ibach。为什么存在史上的反犹主义在1937年左右出现于《黑皮书》中，在1939年至1941年之间进一步升级，这个史学问题十分重要。但是我们只能根据推测给予回答。令人关注的是：海德格尔把犹太人等同于战争的敌人。当德国和他自己关于德国人肩负的西方特殊使命的思想，在政治和军事危机中步步深陷，再加上他的两个儿子 Hermann 和 Jörg 越来越直接地卷入战争冲突之中，海德格尔调动他的反犹主义思想行动就越频繁。

③ 德文的 Schieben 含有"倒卖"、"走私"的含义，也有推诿的意思——靳希平注。

'坚韧的熟练灵活(Geschicklichkeit)'以及它们的混合。正是它们奠基了犹太人的无世界性"。① 对于这个阶段的海德格尔来说，"庞然巨物"是"制作性"的形式之一，也就是说，是处于独裁地位的对于世界的理性化和科技化的形式之一。世界的这种发展需要一种特定的思维形式，海德格尔想要在犹太人的"算计计算的熟练灵活"以及"计算能力"里找出(erkennen)这种思维形式。

这种奇怪的想法需要更准确的解释。因为，海德格尔在这里并没有声称，"无世界性"仿佛是犹太人的自然本性。更确切地说，他认为，"无世界性"是通过"算计的坚韧的熟练灵活(zähe Geschicklichkeit des Rechnens)"才"建立起来的"。而这种"熟练灵活性"则是"庞然巨物"——也就是"制作性"——之潜伏最深的形态之一。因此，"犹太人的无世界性"的根源就是"制作性"。"制作性"使得"计算、算计"这种对世界起着决定性作用的活动占了统治地位。"制作性"要求并建立了人类的"无世界性"，这是海德格尔进行科技批判工作中的著名论题。但是让这个论题奠基于"犹太人的无世界性"，却使得这一思想进一步尖锐化，但是这种尖锐化是很成问题的。

这里海德格尔显然确实把一种反犹的陈词滥调(一种"强调其计算、算计的天赋"的言论)做了存在史性质的转换，并将这种思想形象固定在他自己的反犹主义上。这就是所谓"犹太奸商(Schachern)"的特征刻画。② 这种关于犹太人的最熟悉的形象，

① Martin Heidegger,"Überlegunen Ⅶ",in: *Überlegunuen* Ⅶ-Ⅺ,*Gesamtausgabe*,band 95,hrsg.：von Peter Trawny,Frankfurt am Main,2014,S. 9.

② 在 1920 年给他的夫人 Elfeide Heidegger 的一封信中，海德格尔写道："在这里人们经常谈论是：现在各个村庄都有如此多的(转下页注)

在任何一种反犹主义中都可以看到。从 12 世纪以降,在基督教化了的西方,放贷吃利息是被禁止的,但是根据教皇颁布的法令,犹太人除外。于是,在西方社会中,犹太人就是唯一被获准从事金融借贷生意的社会群体。与此同时,犹太人被禁止进入其他的手工业行当。这就使犹太人直接同金钱联系在一起(也就是,没有从事"正当的职业")的历史背景。原本"Schachern"一词在依地语(Jiddisch①)中就是"经商"的意思。

从社会学上看,把犹太人同金钱联系在一起的联想,恰恰滋生于边远省份、农业地区——就像海德格尔的故乡 Meßkirch——的生活方式:农民和手工业者挣到手的那点儿钱都是"用自己汗水换来的"。而出于上面提到的原因,或者其他原因,犹太人的收入则是通过其他途径而获得的。② 对犹太人的其他描述,都由

---

(接上页注)牛被犹太人买走……这里的农民也渐渐变得厚颜无耻,并且,到处都充斥着犹太人和奸商。"参见"Mein liebes Seelchen!", *Briefe Martin Heideggers an seine Frau Elfride*,1915—1970,hrsg.:von Gertrud Heidegger,Deutsche Verlags-Anstalt:München,2005,S. 112.

　　① 这是直到二战结束之前,在部分德系犹太人中使用的特殊的语言,受德语影响很大——靳希平注。

　　② 参见马丁·布伯(Martin Buber):《他们和我们(Sie und Wir)》,见《德国人与犹太人(Deutschtum und Judentum)》,第 157 页:"这里触及著名的关于犹太人与占统治地位的人民的经济生活之间的关系问题:犹太人的参与并不是从给房屋打地基开始的,而是从房屋的第三层开始的。在初级产品的生产方面,在原材料的艰难的获取方面,在艰苦的土地上的劳作方面(不管是农业还是采矿业),犹太人都没有什么贡献,或者极少有什么贡献。在对原材料的手工加工方面,大多数犹太人也更倾向于以一些工作轻松的、坐在椅子上就能完成的事情为职业,在工业加工方面,他们宁可雇佣技术员、工程师和厂长经理等管理人员,以便自己能远离在机器上繁重劳动。令我非常担心的是,我听说,在苏俄的经济活动中,情况也没多大改变。"这也是在 1939 年人们是怎样(转下页注)

此出发，接踵而来。其中之一恰恰与"世界犹太人"的想法正好对应：它涉及，通过对国民经济的控制和其他手段，染指对世界的统治（我们这里指的是所谓《锡安长老会纪要》，我们后文还会详细讨论它，因为，海德格尔的思想极有可能与此有关）。另外一个就是把犹太人纳入形而上学—宗教上的"拜金主义（Mammonismus）"①的立场。这是 Georg Simmel 的一个概念，它被用于批判地讥讽对金钱的神化与崇拜。还有一种完全一般的说法认为，犹太人精于计算。

海德格尔非常宽泛地把算计（计算）同理性连接在一起，以便把他以前的老师胡塞尔也纳入某种历史序列之中去：在这个序列中，"届时权力正在不断攀升的犹太人"，被斥责为把"西方的形而上学，首先是在其近代的发展中的那种形式"，引入了无决断性（Entscheidungslosigkeit）。海德格尔谈到对胡塞尔的"攻

---

（接上页注）描述犹太人特性的一个例子。希伯不是历史性地，而是从"人民的生活"的语境，来论述犹太人。关于犹太人同"初级产品的生产"之间的关系的讨论，似乎是有一定的传统。Theodor Herzl 在与之争论的时候写道："如果有谁想要让犹太人去当农民，那他就犯了一个严重的错误（der iat in einem wunderlichen Irrtume begriffen）。农民是一个历史范畴，人们认出他是农民来的最好办法就是看他的穿着打扮（在大多数国家这种穿着都有上百年之久了），以及他的工作用具（它们与远祖时代使用的工具没什么区别……但是，我们知道，现在，所有这类工作，都有了相应的机器，土地耕种问题成了机械问题。美国一定会战胜欧洲……）。"参见 Theodor Herzl：*Der Judenstaat*（《犹太国家》），Jüdischer Verlag：Berlin 10，1934，第 25 页及以下。Herzl 把"初级产品的生产"问题同科技的近现代的意义问题紧密联系在一起。

① Georg Simmel："Deutschlands innere Wandlung"（《德国的那种转化》），in：Ders.：*Der Krieg und die Geistigen Entscheidungen*，*Reden und Aufsätze*，Duncker & Humblot：München u. Leipzg，1917，S. 14ff.

击"，但是马上又将其弱化，他说，那"根本是非本质性的"。然而在那种新创的系列归属的背景面前，这种弱化显得根本不可信。胡塞尔被列入"空洞的理性和计算能力"构成的历史之中，其根据是他属于那个"种族"。但是我们不要忽略了，海德格尔给"种族"这个概念加了引号。但是，无论对这个引号怎么解释，都不会使海德格尔思想的总方向有任何弱化和改变。

　　海德格尔这些言论之所以成问题，不仅仅是由于他的下述思想：胡塞尔的现象学"从来没有"达到过、进入到"本质性决断的领域"之内的水平，这应归罪于胡塞尔属于犹太族。除此而外，更成问题的是，这使得"二战"以后他经常在演讲中对与"沉思性思维（besinnlichen Denken）"相区别的"计算性思维"①的批评，带上了一种腐臭的异味儿。——而这种计算思维永远不会像"沉思性思维（besinnlichen Denken）"一样，在其身上发现"本土性（Bodenständigkeit，直译：脚下土地的坚实性—斯希平注）"，因为，"家乡"中的"本土性"的对立概念之一，就是"无世界性"，而作为"制作性"之结果的"无世界性"，根据海德格尔的观点，恰恰是犹太人的特征。② 到底理性本身应该是犹太人的存在历史

---

　　① Martin Heidegger, *Gelassenheit*, Verlag Günther Neske：Pfullingen，1959，S. 14ff. 从事计算、算计的思维作算账活动。"Das rechnende Denken kalkuliert. Es kalkuliert mit fortgesetzt neuen, mit immer aussichtsreicheren und zugleich billigeren Möglichkeiten。"

　　② 列奥·施特劳斯特别强调海德格尔对"本土性"这个概念的使用，这恐怕绝非偶然。参见 Strauss, "Philosophy as Rigorous Science and Political Philosophy", in：Ders.：*Studies in Platonic Political Philosophy*, hrsg.：von Thomas L. Pangle, University of chicago Press：Crucago und London，1983，S. 33。

上的发明呢,还是海德格尔把犹太人解释成,是"制作性"在其中发展实现自身的一种形式?

但是,不管上述问题的答案是什么,把"算计(计算)的灵活熟练性"单单算在近代哲学的头上,是不合情理的。当然,人们可以确定地说,数学在科技上的应用,以及在 16、17 世纪强大起来的科学中的应用,使得数学获得了新的意义。但是必须清楚地看到,即使是数学意义上的 Mathesis①,其来源也是古希腊思维。② 这一点正好和海德格尔关于古希腊与德国之间在存在史上的关系的叙事相映照。在这种关系中,毕达哥拉斯主义者,柏拉图同毕达哥拉斯主义者的关系,以及将数学引入"对话",特别是《蒂迈欧篇》,欧几里得和他的《几何学原理》,均找不到任何位置。更不用说古埃及人:古希腊从他们那里学到了数学(以便对它做另外的解读)。

在海德格尔那里,加在犹太人身上的是一种类型的反犹主义,即犹太人是"算计与计算和倒卖放贷的灵活与熟练性,以及它们的混合",并且对此在哲学上做了进一步的骇人的详尽解读(ausinterpretiert)。犹太人显得好像是被"制作性"所统治的无世界的、专注算账的主体,这个主体通过计算—算计"在'精神'中

① 原来希腊文为知识的意思,后来,因为数学的重要,人们把数学称为 Matheais。现代西文中至今依旧如此称呼数学——斯希平注。

② 海德格尔也了解这一点。因为他写道:"数学上的认知观念在近代开始时——尽管从根儿上说是古代的……"参见 Martin Heidegger, "Winke x Uberlegungen(Ⅱ)und Anweisungen", in: *Überlegungen* Ⅱ-Ⅵ, *Gesamtausgabe*, band 94, hrsg.: von Peter Trawny, Frankfurt am Main, 2014, S. 63。但是这样人们更会问,为什么海德格尔没有坚持这一洞见,并对它加以发展呢?

为自己创造了一个住所"。在这个意义上,恰恰这个"住所"成了海德格尔所谓"攻击"的目标。

(二) 第二段引文及对第二段引文的说明

1. 第二段引文

基于他们强调计算算计的天赋,犹太人很久以来早就已经按照种族原则生活了,因此,他们才全力以赴地激烈反对[种族原则]的不加限制的运用。种族式的培育的建立,并不是起源于"生活"本身,而是起源于通过制作性对生活的高度强化(Übermächtigung)。这种带有计划性的过度强化追求的,就是人民的彻底全面的去种族化,其手段就是在对实存进行相同的构建,相同的剪裁的设施中,形成去种族化的紧张。去种族化的同时也就是人民自身异化——丢失了历史——也就是说,丢失了趋向纯在的决断的地带。①

2. 对第二段引文的说明

在上面的第一段引文中,海德格尔从一种"种族"的特征出发,间接地对胡塞尔的现象学进行了说明。其中的引号应该标识了他与"种族"这一概念保持距离的态度。实际上,海德格尔拒绝国家社会主义的"种族思维",反对这种思维,他认为"所有的种族思维"都是"近代的",都运动在"把人把握为主体(Sub-jektum,基底)的思想轨道上"。② 但是同时,同样不可避免的是,

----

① Martin Heidegger, "Überlegungen XII", in: *Überlegungen* XII-XV, *Gesamtausgabe*, band 96, hrsg.: von Peter Trawny, Frankfurt am Main, 2014, S. 82.

② 同上,S. 69.

"种族事物"属于近代的那种存在（dem Sein der Neuzeit），属于"制作性"。"种族思维"是"制作性的结果"。①

海德格尔根本不想染指"种族思维"，这一点十分清楚。但是这根本不意味着，海德格尔质疑"种族"的存在。他认为，"种族"是"历史性的彼在（Dasein，此在）（被抛性）的一个必要的、直接表达出来的条件"。在"种族思维"中，种族被伪造成"唯一的和充分的条件。""一个条件（Bedingung）"被"拔高为绝对的东西（Unbedingten，无条件的东西）"。② 据此可以看出，海德格尔与"种族思维"之间的距离，涉及对诸多因素中的"被抛性"因素的于理论上的绝对化，但是这并不触及"种族"属于彼在的看法。

然而海德格尔并没有详尽说明，在他的思想中，"种族"是如何成为"被抛性"的条件的。每当碰到需要对彼在的肉体进行考察时，海德格尔几乎总是退避三舍。谈论"文化（kulturell）"内涵，对海德格尔来说，也几乎是不可能的，因为他根本就拒绝"文化（Kultur）"这个概念，直至对其进行激愤的评议。假如要展开论述的话，他顶多也就能容忍一种民族学或者人种学（ethnisch）上的解读。假如要做的话，"种族"将被理解为"民众的归属性"（Volkszugehörigkeit）。但是这样，关于"种族"的意义是什么的问

---

① Martin Heidegger, "Überlegungen XII", in: *Überlegungen* XII-XV, *Gesamntausgabe*, band 96, hrsg.: von Peter Trawny, Frankfurt am Main, 2014, S. 82.

② Martin Heidegger, "Überlegungen III", in: *Überlegungen* II-VI, *Gesamntausgabe*, band 94, hrsg.: von Peter Trawny, Frankfurt am Main, 2014, S. 127.

题,就会重新被提出来,只不过是在另外一种关联中提问罢了:除了共属于一个语言团体之外(从这一点出发,犹太人常常是更优秀的德意志人),"民众的归属性"还表达了什么内容呢? 海德格尔这里的"种族"是什么意思的问题,我们后面会具体讨论。尽管海德格尔没有接受来自"制作性"的"种族思维",但是我们仍然可以重构出,海德格尔与国家社会主义意识形态的亲密关系。

我们的哲学家(海德格尔——斯希平注)一方面把"种族思维"解释为"制作性的结果",另一方面又认为,"基于他们强调计算、算计的天赋,犹太人很久以来早已经按照种族原则生活了"。这两种不同的说法之间是什么关系? 它们的结论之一难道不是:"制作性"与"计算、算计的天赋"是一体的吗? 看起来应该如此。尽管如此,对这个问题的说明还是需要特殊的谨慎。因为这里涉及存在史上反犹主义的一个基本要素(Element)。

海德格尔认为,"种族式的培育的设立并不是起源于'生活'本身"。"生活"的发生,根本不受教育和高贵化的左右。海德格尔想用这一思想同生物主义划清界限。他更像是要说,在人们的日常交往中,大家根本不关心什么"保持""种族"的"纯粹性"。"保持""种族"的"纯粹性"需要一种专门的"组织活动(Einrichtung)",或者需要这种"组织活动"的"源头",也就是"制作性",以便把"生活"按这种方式组织起来。一方面,海德格尔在国家社会主义中找到了这种组织(Organisation),另一方面,他在犹太人那里看到,"很久以来早已经按照种族原则生活了"。这只可能意味着,犹太人是第一个把"制作性"的"特质"——种族式的培育的组织活动——变为现实的。依据海德格尔的看法,是犹太人承担了"从事种族式的培育的组织活动的任务",也就是,在完成设立"制作性"的"种族"组织的任务时,犹太人充当了先锋。①

这些说法的背景是纽伦堡种族法的通过。该法案于 1935 年 9 月 15 日在"帝国国会"全票通过。这是一项"保护德意志血统和德意志尊严的法案",也是一项"保护德意志人民的遗传健康的法案(婚姻健康法)"。它从各个方面直接对犹太人、吉普赛人、黑人,以及混血者(另外,也同样是对妇女,也就是说,包括德国妇女)的歧视。总体上,它的目的是推行种族隔离,以便使"德意志的血统"可以保持纯粹,不被混杂。

当然,海德格尔不仅仅只是谈论,犹太人"很久以来早已经按照种族原则生活了",他还继续声称,因此,"他们才全力以赴地激烈反对[种族原则]的不加限制的运用"。什么是"种族原则""不加限制的运用"? 这种原则的自己的"使用",与由此导致的对无节制性的抵制之间到底是什么关系? 海德格尔这里指

---

① 当然,人们可能还会问,是否会有一种"犹太种族主义"。Christian Geulen 在他的非常机敏的书《种族主义史》中,把种族主义定义为:一种行为,它或者对继承的,或者对新的种族从属性的界限,从理论上进行论证,或者在实践上加以实施。正是在这个意义上,读书作者说,犹太族尽管知道自己与陌生人在构成结构上的不对称,但是并没有因此得出要"对陌生人的文化进行强占,殖民、或者压迫"(Ceulen, *Geschichte des Rasstsmus*, Verlag C. H. Reck:München,2007,S. 25)。那种"被动的排他性的要求","经常是犹太人对抗占统治地位的文化,与之竞争"的结果。"被动的对排他性的要求"——一个作为被择选的民族——是否以及如何成为诱因,去刺激对于一直存在于身边的、关于"属于还是不属于犹太人"的那种区别,做出种族主义的反应,这是一个社会心理学问题。

的是纽伦堡法案吗？

这些文字的写作时间是第二次世界大战即将爆发的时候。1938年的"11月大迫害①"刚刚过去。11月10日，弗莱堡大学附近的犹太教会堂被焚毁。② 海德格尔给学生开了关于尼采的讨论班，讨论第二个"不合时宜的观察"。11月9日还在给学生上练习课。③ 海德格尔所说的"种族原则""不加限制的运用"是否就是指使用暴力迫害犹太人呢？

这样，犹太人曾经是第一个依据"种族原则""生活"的这一

---

① 也译为"水晶之夜"——靳希平注。

② 参见Klaus-Dieter Alicke, *Lexikon der jüdischen Gemeinden im deutschen Sprachraum*, bd. 1, Gütersloher Verlagshaus: Gütersloh, 2008, 第1306列(指百科全书、大字典上的列): "1938年11月10日清晨时刻，在Werderring区的弗莱堡犹太教会堂被焚毁。纵火者强迫领导犹太教会堂教团的男人在旁观看焚烧。犹太教的墓地同时也遭到损毁。在犹太会堂焚毁期间，有大约140个犹太男人被捕，并于11月10日被运往Dachau集中营"。接下来又写道: "在城里滞留下来的350个犹太人(1100多犹太人选离)大多数于1940年10月底——与其他6500人一起——被强行运往Gurs。他们中的绝大多数人不是死于此处，就是被运往灭绝营杀害。"1940年汉娜·阿伦特曾经身陷同一个集中营，她得以于6月脱离那里。参见Elisabeth Young-Bruehl, *Hannah Arendt: Leben, Werk und Zeit*, S. Fischer Verlag, 1982, 第225页及以下各页。

③ 参见Martin Heidegger, *Zur Auslegung von Nietzsches* Ⅱ. *Unzeitgemaesser Betrachrung*(《尼采解读二: 不合时宜的观察》), *Gesamtausgabe*, band 46, hrsg.: von Hans-Joachim Friedrich, Frankfurt am Mam, 2003, 第259页及以下各页。这个讨论班的记录写道: "这种越来越大的权力——它构成权力强大的本质——为所有的要求制定规则。这就是说，暴力和抢劫并不是合法证明所要求的结果和实施方式，而是相反: 抢劫是证明合法性的根据。我们对关于权力的'理解'所知甚少，因为我们还在不停地插手道德的思索，因为在权力的关切中，权力的宣言本身还在用'道德的'理由和目的进行工作(参见英语的"cant"，比如)。"(同上，第215页及以下。)"cant"是源于英国的一种黑社会切口(黑话)。

思想，就显现为一个特殊的面貌。国家社会主义者们"不加限制地"应用的东西，就是早在国家社会主义之前很久，犹太人就已经实践的东西。而且不仅如此。在"纽伦堡法案"的解释中说，它们服务于"保护德意志的血统"。这种解释所针对的前提是：存在一种可以到处传播的疾病的危险，或者存在着战略行动上进攻者的威胁。于是，"种族原则"的"不加限制的应用"似乎仅是在一种冲突中保护性的措施。

不过——而这恰恰是问题的本质——[犹太人的]"种族思维"的发明被置于存在史的语境当中：它被视为"制作性"的结果。海德格尔把"算计、计算的灵活熟练"视为是犹太人的，但它又是典型的近代的东西，于是，古老的犹太被解释成了近代技术的附随现象（Epiphänomen），因此海德格尔把"生活"加上了引号："生恬"作为绝对的原则是"趋向于权力的意志"的"结果"，也就是说，是最后的形而上学家尼采的遗产。在存在的历史里，在"制作性"的历史中，海德格尔把"种族思维"登记到犹太人和国家社会主义者的名下。犹太人与国家社会主义者（海德格尔在这里避免使用德意志人这个词）之间的敌对关系，被看作是存在史上的竞争。而把这种不可回避的竞争的标签，主要贴到犹太人的头上，这是特别成问题的。

在这个地方，我们必须强调指出，海德格尔企图从中立的立场出发，去把握犹太人同国家社会主义者之间在"制作性"上的冲突。有一次他在说明里指出，"如果人们对各种事物进行思考时，使用的根本上（ueberhaupt）无非也是这种类型的方法的话"，也就是,"把一切都当作'生活'的'表达'"来看待的话,人们就用不着"对犹太人'弗洛伊德'的精神分析进行过分愤怒的攻击"。① 德格尔对"精神分析的基本学说的雅利安式变种",②进行过类似的批判。哲学家使用"犹太人的'精神分析'"③这种说法,好像这种理论在原则上就是犹太的。对弗洛伊德精神分析的这种解读,自它诞生起就已有之,而在纳粹时期,曾经成了反犹主义的套话。④ 海德格尔攻击的,是他假定的那种国家社会主义的无能:无力超越精神分析在存在史上的位置,即无力超越尼采的形而上学。突然间,犹太人和国家社会主义成了存在史上同样的东西。

"制作性"用这种隐匿的竞争,暗中所要追求的,如海德格尔所说的,是"完全去除诸人民的种族性(Entrassung)⑤"。与这种"去除种族性"共生的是,"各族人民的自身异化(Selbstentfrem-

---

① Martin Heidegger, "Überlegungen XIV", in: *Überlegungen XII-XV*, *Gesamtausgabe*, band 96, hrsg.: von Peter Trawny, Frankfurt am Main, 2014, S.79.

② 同上,S.88.

③ 同上,S.123.

④ 比如,出于种族上的理由,弗洛伊德试图把非犹太的 Carl Gustav Jung 拉到他的一方来。在给 Karl Abraham 的一封信中,他这样写道:"他的加入就更有价值。我几乎要说,他的出场才能使精神分析从变成一个犹太民族的事件之危险中解脱出来。"参见 Peter Gay, *Freud. Eine Biographie für unsere Zeit*, Büchergilde Gutenberg: Frankfurte am Main, 1989, S.234。

⑤ 这似乎是一个海德格尔的自造词,按构词(ent-rassen)应该是"消除种族"的意思,消除各民族中的种族性,和后面的自我异化相对——谷裕注。

dung)———一种历史的缺失———也就是,去纯在(zum Seyn)的决断区域的缺失。"我们上面强调,海德格尔拒绝的不是种族—思维本身,而仅仅是种族—思维的绝对化,那么,这里就是支持我们上述看法的最强有力的证据。因为,依据海德格尔的看法,如果种族是"被抛性"一个环节,而被抛性又作为人生彼在的有终性(Endlichkeit),原本是历史性的条件一样的东西,那么,"完全去除诸人民的种族性"就是"历史的缺失"。当然这样并没有能说明,为什么遵循"种族原则"的两个敌人,对"各族人民的全面种族消除"各自做出了什么贡献。①

海德格尔的第二种类型的反犹主义可以被称为"种族的"或者"种族主义的"。海德格尔拒绝"种族思维"。尽管如此,他的出发点是,种族在"被抛性"中的一种特殊的意义。而这就意味着,种族对于历史性来说具有一种特殊意义。但这绝对不意味着,海德格尔认为,雅利安人有特殊的优势。然而他还是———这是一个令人痛苦的"然而还是(dennoch)"———认为,犹太人和国家社会主义之间的斗争,是围绕着历史而进行的、由种族动机推动的斗争。

(三) 第三段引文及对第三段引文的说明

1. 第三段引文

在分配帝国主义的优先权的意义上,同英国取得谅解,根本不触及该历史过程———即在美国主义和布尔什维克主义内部,

---

① 种族是历史性的某种前提条件,去除种族,历史就会缺失———谷裕注。

同时也是世界犹太人的内部,英国已经输掉了——的本质。关于世界犹太人的角色问题,并不是一个种族问题,而是一个关于貌似人类(Menschentümlichkeit)的人种的形而上的问题。这个貌似人类的人种能够毫无约束地把一切实存(alles Seienden)从存在(Sein)中连根拔起,并把此事当作"世界历史"的使命来担当。①

### 2. 对第三段引文的说明

雅斯贝尔斯在他的《哲学自传》中有一段关于海德格尔的记述,他写道:"我说到犹太人问题,以及关于锡安长老会等的恶毒的胡扯。对此,他回答道:'犹太人的危险的国际联盟确实存在'。"②"锡安长老会纪要"③最早出现在 Dreyfus-Affäre 的圈子里,Dreyfus-Affäre 是 19 世纪 90 年代在巴黎上演的政治事件,发生的背景同当时的沙俄政治有着密切的关系。与"纪要"的出现

---

① Martin Heidegger, "Überlegungen XIV", in: *Überlegungen XII- XV*, *Gesamtausgabe*, band 96, hrsg.: von Peter Trawny, Frankfurt am Main, 2014, S. 121.

② Karl Jaspers, *Philosophische Autobiographie*(《哲学自传》), Erweiterte Neuausgabe. piper-Verlag: München, 1977. S. 101.

③ *Die Protokolle der Weisen von Zion*, *Die Grundlage des modernen Antisemitismus-eine Fälschung. Text und Kommentar*(《锡安长老会纪要:现代反犹主义的基础——一种伪造。文本与评注》), hrsg.: von Jeffrey S. Sammons, Wallstein Verlag: Göttingen, 1998. 关于"锡安纪要"还可参见 Leon Poliakov 的(反犹主义史第七卷:民族同化与"犹太人的世界阴谋")(*Geschichte Des Antisemitismus VII*: *Zwischen Assimilation und "Jüdischer Welrverschwörung"*, Athenäum Verlag: Frankfurt am Main, 1988)第 74 页及以下各页。以及 Wolfgang Benz 的《锡安长老会纪要:犹太人的世界阴谋的传说》(*Die Protkolle der Weisen von Zion. Die Legende von der jüdischen Welrverschwörung*, C. H. Beck: München, 2011)。

有着密切关系的还有:反犹的虚构小说的流行,锡安主义(Ziollis-mus,犹太复国主义)的影响的不断增长,尤其是于 1860 年建立的、1897 年以来锡安主义(犹太复国主义)世界组织进一步推动的"以色列世界联盟"的活动。它们在巴塞尔(Basel)的成立活动成为虚构"锡安纪要"的起源。它们的具有决定性影响的传播是在第一次世界大战之后。在德国直到 1920 年才出版。

从今天的眼光来看,"锡安纪要"的影响可以用一个词来形容:令人惊叹。从根本上来说,它们不是造假,而是虚构,因为,造假得有真正的原件存在。可这个虚构的文件成了现代反犹主义的第一资料来源。以前,希特勒被说成是"锡安长老的学生",①这种说法当时要表达的意思是:他受到"锡安纪要"的启发,在其中找到了他寻求的思想,并进一步加工成了彻底的种族主义政治思想。罗森堡(Alfred Rosenberg)曾为"锡安纪要"做过评注。汉娜·阿伦特注意到,"锡安纪要"的异常普遍的"知名度……并不是由于对犹太人的仇恨,而是由于对犹太人的钦佩,希望从犹太人那里学习点儿什么"。② 阿伦特十分清楚国家社会主义的手法:"关于今日犹太人的世界统治的虚构故事,构成了未来德国世界统治之幻想的基础。"③海德格尔的出发点显然是,

---

① Alexander Stein, *Adolf Hitler. Schüle der Weisen von Zion*(《希特勒,锡安长老的学生》),Karlsbad,1936.

② Hannah Arendt, *Elemente und Ursprünge totaler Herrschaft, Anrisemitismus Imperialismus, To talituismus*(《专制统治的起源》),München,6/1988,S. 757.

③ Hannah Arendt, *Elemente und Ursprünge totaler Herrschaft. Anrisemitismus, Imperialismus, To talituismus*,München,6/1988,S. 795.

"锡安纪要"是上面讨论过的犹太人同国家社会主义之间的竞争的证据。

"锡安长老会纪要"中可以找到反犹主义花样的许多类型。其中头一个就是所谓秘密组织：它们在全球性决断的层次上编制网络。为此他们使用了可能找到的各种手段：政治的、金融的、文化的、共产主义、媒体；一切都被分化瓦解，到处煽动动乱，哲学也被派上了用场。在"纪要"的一个地方我们可以读到："不要以为，我们的宣言只是空洞的言辞。请你们瞧一瞧我们不断扩大中的，由达尔文、马克思和尼采的理论带来的成果。我们自己至少应该清楚，它们对非犹太的头脑起到的充满破坏力的影响。"①哲学家们——"世界犹太人"手中的玩偶而已。

除了这个特殊的说明之外，"锡安纪要"中还有许多其他的表述，可能对海德格尔产生了影响。纪要中，"通过战争和世界战争来压制非犹太人的反抗"这个题目之下，我们可以读到："只要非犹太国家敢于起来反抗，我们就必须有能力，在它的邻国立刻制造、发起反对该国的战争。如果那些邻国想要联合起来干点儿什么，同它一起来反对我们的话，那么，我们就要发动世界战争。"②这就是海德格尔所假定的那种竞争。国家社会主义敢于前去反对"世界犹太人"吗？犹太人能够进行有效的反击吗？

希特勒懂得如何利用"锡安纪要"里的内容进行政治宣传，

---

① *Die Protokolle der Weisen von Zion*, hrsg.：von Jeffrey S. Sammons，Wallstein Verlag：Göttingen，1998，S. 37.

② 同上，S. 53.

而且他也确实利用了它们。我们可以在希特勒不同的讲话中找到证据。如 1933 年 11 月 10 日在柏林西门子城的一次讲演中，他谈到"人民之间的纠纷和相互之间的仇恨"，他说，"这是由一种极其特殊的利益关切""培养起来的"。这是"一个很小的无根的国际帮派"，他们"煽动""人民之间的相互争斗"。这里涉及的是一种人，"他们四海为家，但是又无处为家。他们今天生活在柏林，明天可以以同样的方式生活在布鲁塞尔，后天在巴黎，然后又到了布拉格，或者维也纳，或者伦敦"。他们"到处都能找到在家的感觉"。他们是唯一"适应国际主义因素的"人，"因为，他们能够到处从事他们的业务"。但是"真正的人民"是"根本不可能照着他们的样子去做的"，"真正的人民"是"牢牢地束缚在他的土地上，牢牢地束缚在他的故乡，绑缚在他的国家，他的民族的生活的可能性之上"。① 另一个例子是 1939 年 1 月 30 日在"帝国国会"的讲话。他在那里"预言"："假如国际的金融犹太人在欧洲内和欧洲之外，又能成功地把各族人民再一次推入世界大战的话，那么其结果就不是地球的布尔什维克化，并因此导致犹太人的胜利，而是在欧洲的犹太族的彻底灭亡。"②这是"锡安纪要"之反犹主义的典型样式。

---

① 参见 Domarus, *Hitler. Reden und Proklamationen* 1932—1945（《希特勒：讲话与声明》），bd. Ⅰ, Triumph, Erster Halbband 1932—1934, Süddeutscher Velag：München, 1965, S. 330。

② 参见 Domarus, *Hitler. Reden und Proklamationen* 1932—1945, bd. Ⅱ, Untergang 1939—1940, Erster Halbband, Süddeutscher Verlag：München, 1965, S. 1328。

海德格尔注意到了希特勒的讲话。无论如何他提到,在"美国主义与布尔什维克主义中"英国人①如何接替了"世界犹太人"所扮演的角色。但是他不想把这理解为"种族"现象,而是将之理解为"形而上学"现象。他认为,这是"那种貌似人类之性(Art von Menschentümlichkeit):它根本无拘无束地摆脱'出自存在的所有实存(alles Seienden aus dem Sein)'的那种弃根活动(Entwurzelung),把它当作世界历史上的'任务'接受下来"。海德格尔的确是假定了,"制作性"激起并引导着国家社会主义同犹太人之间的竞争,那么,犹太人在这场斗争中代表什么,就十分清楚了。"制作性"因此就可以去实施"各族人民去种族性",因为,犹太人追求"根本无拘无束地摆脱'出自存在的所有实存(alles Seienden aus dem Sem)'的那种弃根活动(Entwurzelung)"。

由于把犹太人定性描述为以无故乡的、世界主义的方式生

---

① 什么或者谁是"英国"? 紧接着第三段引文,海德格尔写道:"为什么我们这么晚才认识到,实际上英国是没有西方品行的,且无力有此品行? 因为我们从未来的角度才把握到,近代世界的设置是英国开始的,而依据其本质,近代根本走向就是,建立全地球范围的'制作性'的放纵。"海德格尔把英国理解为美国主义和布尔什维克主义的源头,因为它追求"制作性的放纵"。就这一点他写道:"我们经过努力在捷克和波兰所获得的,英国和法国也想从德国获得同样的好处;只不过法国想在被破坏了的德国得到它的无历史性,而英国想在它的巨大的商务中得到其无历史性罢了,给未来的德国分配的是对另类的历史的期盼。因为,它的思维正处在走向沉思(Besinnung)的过渡中。"参见 Martin Heidegger, "Überlegungen XIII", in: *Überlegungen* XII-XV, *Gesamtausgabe*, band 96, hrsg.:von Peter Trawny, Frankfurt am Main, 2014, 第 95 页及以下。不用对海德格尔关于英国的说法提供更详尽的细节说明,仅就他声称英国在德国的摧毁中关注的"巨大的商务"这一点,在我们面前摆着的语境中,又是明星的反犹倾向。

活的民族,①这种趋向就导致了一种敌意的出现,这种敌意又在跨民族的②层次上导向了无形的(ungreifbar,抓不到的)战争。所以海德格尔有一次写道:"世界犹太人,受到从德国被放逐出去的(犹太)移民的煽动,到处变得高深莫测(unfaßbar,无形),通过一切权力的扩张,不需要在任何地方染指战争行动。而与此相反,我们只剩下去牺牲自己人民的最优秀的人的最优质的鲜血。"③

在由"制作性"引发的"世界犹太人"反对"我们"的斗争中,"世界犹太人"的优势在于,"看不见摸不着的",可以从随便什么地方来引导左右天命。更有甚者,"世界犹太人"显然有能

---

① 这种特征规定流传如此之广,甚至连犹太人自己也对此加以肯定:"犹太人的悲剧就是在大城市生活的市民阶层的悲剧。犹太人就是大城市的人,世界上的犹太人有多一半生活在大城市。……习惯于用自来水,觉得有水喝是再自然不过的事情了;从儿时起就是电灯、电话、汽车,这些人对于初级产品的生产已经没有感觉,对他们已经失去了意义。他们对父辈开掘的井泉,祖先们走过的艰辛之路,对很久以前神创造的光明,已经麻木不仁,失去了感情。这种命运当然是欧洲所有城市的命运。"参见 Martin Heidegger, "Überlegungen XIII", in: *Überlegungen XII-XV*, *Gesamtausgabe*, band 96, hrsg.: von Peter Trawny, Frankfurt am Main, 2014,第 95 页及以下。一个基本事实是:1900 年前后,大多数的德国犹太人都生活在柏林,但是犹太人当时占柏林恩人口的比例要低于欧洲其他大城市。关于此事,请参见 Massimo Ferrari Zumbini 的书:《罪恶之源:反犹太主义的诞生之年,从俾斯麦时期到希特勒时代》( *Die Wurzeln des Bösen*, *Cründerjahre des Antisemitismus*: *Von der Bismarckzeit zu Hitler*, Klostermann Verlag: Frankfurt am Main, 2003)第 42 页及以下。

② International,这里所说的这个国际,实际上就是跨民族的意思,而不是跨国家的:英特耐雄纳尔——谷裕注。

③ Martin Heideggerr, "Überlegungen XV", in: *Überlegungen XII-XV*, *Gesamntausgabe*, band 96, hrsg.: von Peter Trawny, Frankfurt am Main, 2014, S. 17.

力——就像"锡安纪要"中所声称的——调动军队，而不用自己参军打仗。而流血牺牲则有"我"方付出。这种"权利扩张"的斗争的结果是什么，就很清楚了。特别难于评估的是海德格尔的下述说明："世界犹太人"将"受到从德国被放逐出去的移民的煽动"——海德格尔心里想的犹太移民是托马斯·曼吗？托马斯·曼从 1941 年 10 月开始在伦敦英国广播公司（BBC）播出了向"德国听众"的谈话。还是说，他心里想的是包括犹太人在内的一般的流亡者？是的，海德格尔并没有具体提及任何人的名字，当然我们不应该去猜测。但是，其思想与我们提到的内容肯定相去不远。

"自己人民的最优秀的人的最优质的鲜血"的牺牲——毫无疑问，海德格尔的所指，包括了他自己的两个儿子的命运。从这个角度去看，当海德格尔放弃了他平时一直坚持的表面上看来的中立性立场，他便把那种参与预设为前提。海德格尔在涉及战争和德国战士的牺牲时，一直坚持有党派的立场——尽管在此他并没有能放过，把他的党派性也赋予存在史的色彩。①

"世界犹太人"尽管没有统治整个历史——这个历史尚无条件地被"制作性"所统治——但是在被科技统治的各种力量之

---

① 海德格尔：《关于人道主义的信》（Martin Heidegger, "Brief über den Humanismus", in: *Wegmarken, Gesamtausgabe*, band 9, hrsg.: von Friedrich-Wilhelm von Herrmann, Frankfurtam Main, 2/1996）第 339 页写道："因此，知道荷尔德林的年轻德国人，对死亡的思想和经历，与在公众媒体给出的德国看法，完全不同。"尽管在某种程度上，这个说法是对的，然而，人们仍然可以问：他们所想的与所经历的，到底会是什么？

中,它显然是排名第一的力量。于是,"帝国主义的战争的思维方式与人类性的和平主义的思维方式",也就是说,不管是专制国家(德意志帝国,意大利和苏联的)"思维方式",还是西方的民主制的思维方式,都是"'形而上学'的衍生物(Ausläufer,从中流出来的东西)",而作为这样的东西,它们似乎均被"世界犹太人"所瓦解。接着海德格尔继续说:"由此,'国际犹太人'便可以对两者均加以利用:把其中的一个唤出来,并让其成为另一个的手段——这种制作性的做'历史的'手法,均匀地把所有的参与者都编织到它的网(它设置的圈套)中。"①

也就是说,"世界犹太人"有力量,凭借使用它们的思维方式,让处于战争中的国家相互打斗。这里不清楚的是,海德格尔是否把"国际犹太族"同前面说的"思维方式"在"这种制作性的做'历史的'一手法"中,把握为统一的东西,还是说,把后者专门留给了"国际犹太族"。但是无论如何,这个思想表明,海德格尔在分析解读"世界犹太人"与"制作性"之间的关系时,是在何处如何来回摇摆的。一方面,他赋予"世界犹太人"作为表演于国际舞台的科技代表的特殊的地位,另一方面,所有这一切又都属于同一个历史。谁"在这个斗争中声称并获得'世界统治权'","根本是无所谓的,就如同其命运:它们大都是被碾碎一样"。"所有的民族"都在"形而上学的层次上",都处于"被排除于与

---

① Martin Heidegger, "Überlegungen XIII", in: *Überlegungen* XII- XV, *Gesamtausgabe*, band 96, hrsg.: von Peter Trawny, Frankfurt am Main, 2014, S. 77.

此不同的东西之外"。犹太人仅仅是形而上学上的形态学的又一个形态而已。

看起来,对于犹太人来说,这里,战争的结果是什么,在海德格尔看来,已经十分清楚。在关于"纯在的历史"的手稿中,有唯一一段在内容上涉及存在史上的"权力"之维度的段落。在那里,他谈到"最近地球上的主要罪犯"。① 毫无疑问,他这里所指的是专制国家的第一批统治者。当然"这里需要问的是,独特地预先规定,地球上的犯罪活动是犹太性,这样的规定之根据,到底奠基于何处"。② 人们首先想到的是,对这句话直接按如下方式加以理解:海德格尔想问的是,在这种"独特的预先规定"中,犹太人设置了什么东西,以至于必须为"地球上的主要罪犯"做出牺牲。

固然不能完全排除,这个句子里所说的"独特的犹太性的预先规定",并没有意味着,为那些罪犯去牺牲,而是牺牲自己。③

---

① Martin Heidegger, *Die Geschichte des Seys*, *Gesamtausgabe*, band 69, hrsg. : von Peter Trawny, Frankfun am Main, 2/2012, S. 78.

② 在后来出版的书中抓不到这个句子。在海德格尔的手稿里有这个句子,但是在海德格尔的弟弟 Fritz 的誊抄稿中,这个句子不见了,显然是被他"删去"了。依据《海德格尔全集》为海德格尔本人"最后手定"这个含义,海德格尔遗著法定管理人当时决定,不发表这个句子。从《黑皮书》着眼,现在他改变了自己的看法。此外,从时间上来看,这句话完全属于我们这里讨论的反犹主义的语境中的反犹例子。

③ 参见 Martin Heidegger, "Überlegungen XV", in: *Überlegungen XII-XV*, *Gesamtausgabe*, band 96, hrsg. : von Peter Trawny, Frankfurt am Main, 2014, S. 119. 在那里我们读到:"现在敢公开发表的关于苏联的集中营据说是令人发指的。"海德格尔羞于将此与德国人的加以比较。对此他说,"世界犹太人"在布尔什维克主义中起着关键性作用。

这种解释也符合海德格尔关于"世界犹太人"的那些说法。但是我们仍然不能排除,这个说法除了包括斯大林和希特勒之外,还包括"犹太(Judenschaft)"在内。不论我们怎样去解读这句话,**"独特的预先规定"**(黑体为我所加——特拉夫尼注)这个表达,总是提供了证据证明了,这种思维对待犹太人的存在史上的特征。

同用于数落犹太人"算计、计算的灵活熟练性"的说法的情况类似,这里的说法也是属于"锡安长老会纪要"思路的反犹主义类型。以"纪要"为依据的反犹主义,在海德格尔这里也难以界定。1942 年关于荷尔德林的颂歌"Ister"的大课,就可以表明这一点。这里,海德格尔看到了"美国主义",即"非历史的东西"对德意志从未有过的威胁。这种威胁并不是来自外部,而是来自内部。哲学家不能理解,为什么德国人没有能力,在由他预先思考到的文学创作与哲学思考之间关系中,辨认出他们"真正属于自己的东西(Eigenes)",反而去参与什么全球性的"彻底动员",甚至成了它的"急先锋"。难道在"美国主义"背后不正隐藏着那"处处无法把握"的"世界犹太主义"吗?

首先,所有海德格尔在哲学上企图挽救的东西,"本土性","家乡"、"本己的"、"土地"、"诸神"、"文学创作"等等,它们的对立物,看起来都可以转嫁到"世界犹太人"身上。这样,"世界犹太人"就获得了某种原型的地位。如果像犹太教经师 Joachim Prinz 在上面引述的地方声称的那样,"欧洲大城市的命运本身"

都体现为犹太人的"命运"的话,那么犹太人就有着对"现代"的嗅觉,①他就是整个海德格尔式的思维的敌方对手。

值得注意的是,把犹太人等同于一种跨民族的生活风格,并不意味着就是反犹。阿伦特自己都承认,"关于犹太人的世界阴谋论"的"根基,存在于散居于全球各处的犹太人民的事实上存在的、国际性的亲密关系和相互之间的依赖性"中,②也就是奠基于 Diaspora(散居统一性)中。在这种生活方式中看到"失根",并不是反犹。但是把这种生活方式置于德意志的"本土性"对立面,当作其具体的敌人,这就已经是反犹了。海德格尔在雅斯贝尔斯面前谈到"犹太人的国际联盟"(我们没有理由认为雅斯贝尔斯听错了,或者他记错了),他心里想到的可能就是 Diaspora。而把它说成"危险",就暴露了他的反犹主义的背景。

当海德格尔在"制作性"问题上发动与"世界犹太人"的冲突

---

① 参见 Prinz 的《我们犹太人(Wir Juden)》,见《德意志人和犹太人(Deutschrum und Judenrum)》第 95 页。Prinz 的思想最终也是一种独特的解读。按照这种解读,在现当代,散居统一性(Diaspora)也是人类的共同的"命运"。在这里对此我可以提出反驳:改变了世界的科技之形式根本与散居统一性无关,而通过全球化而逐渐变为现实的世界主义是史无前例的。Götz Aly 的研究文章《为什么恰恰是德国人? 为什么恰恰是犹太人? 1800—1933 年间的平等,嫉妒和种族仇恨》("Warum die Deutschen? Warum die Juden? Gleichheit, Neid und Rassenhass 1800—1933",2011)的出发点,是基于保守主义的"拖沓、滞缓(Behäbigen)、落后的、家园的",与进步、求知好学、摩登的区别,他认为,此区别对德国反犹太主义是非常重要的。

② Arendt, *Elemente und Ursprünge totaler Herrschaft. Anrisemitismus, Imperialismus, To talituismus*(《专制统治的起源》), München, 6/1988, S. 750.

时,海德格尔似乎脱离了这种[对犹太人的]指责。制作性充当了存在史意义上的运动,斗争在存在史意义上的运动中展开。通过这样一种解读,海德格尔的反犹主义就具有一种独特的属性。因为,在这个斗争中,在"世界犹太人"与国家社会主义之间的斗争中,海德格尔并没有去简单地欢呼后者的胜利。相反,在海德格尔看来,这个"斗争"只是围绕着一般的"无目的性"①而进行。对他来说,与此相反,"真正的胜利"只在"无根基性自身被排除在外的地方"。而这种"斗争""不敢纯在(das Seyn nicht wagt),而是总是用实存"进行算计,并且把他的计算结果设为现实。在这里的这个表述中,我们并不很清楚,离开犹太人,"制作性"本身的特征是不是"无根基性"。对海德格尔来说,应该在哲学上去理解,为什么"西方的东西"不能作为历史来体验,向"到来者"开放自己,"而不是——无意识地——去模仿美国主义,夸大美国主义"。②"西方"堕入了"制作性"之中不能自拔,显然是丢弃了,在"思考与文学创作"中去奠基世界这一源于古希腊的任务。为什么?

这种存在史上的构造的困难最终浮出水面:在国家社会主义与犹太人的"斗争"中,作为"制作性"的后果,一种值得怀疑的不对称一直占着统治地位。尽管海德格尔在许多地方注意到,

---

① Martin Heidegger,"Überlegungen XIII", in: *Überlegungen* XII- XV, *Gesamtausgabe*, band 95, hrsg.: von Peter Trawny, Frankfurt am Main, 2014, S. 9.

② Martin Heidegger,"Überlegungen XV", in: *Überlegungen* XII- XV, *Gesamntausgabe*, band 96, hrsg.: von Peter Trawny, Frankfurt am Main, 2014, S. 10.

国家社会主义在毫无顾忌地推动国家的科技化，并在这个意义上对国家进行现代化。而这种科技的特点，这种"制作性的东西"，是"无根基性"，"无世界性"。然而，这些都是哲学家加给犹太人的东西。难道国家社会主义者原来是被"制作性"诱拐了的，也就是，被犹太人诱拐了的德国人吗？从这个提问的角度出发，国家社会主义者成了犹太人"看不见摸不着"的力量的玩偶。"国家社会主义是犹太人阴险恶毒的发明"这种思想不是十分接近"锡安纪要"吗？无论如何，海德格尔把"无根基性"的"自我排除（Selbstausschluss）"，视为"真正的胜利"——它应该意味着"制作性"和犹太人的崩溃毁灭。

于是，"制作性"这个概念自身就陷入危机。当然，海德格尔强调，这个"词语"意味着"存在的某种本质"，"而不是一个特定的，被称为'人'的实存的品行和行为举止（die Verhaltung und das Gehahen）"；而且"这种'制作性'""顶多被认作是存在史上一个远端的后果"①——但是，难道"世界犹太人"或者"美国主义"不是这类"存在的本质"的典型样本吗？"制作性"这个概念可以含有一些意识形态因素，这些因素与加在"世界犹太人"头上的意识形态相去不远——当然这些因素并未直接展开。②"制

---

① Martin Heidegger, *Die Geschichte des Seyns*, *Gesamtausgabe*, band 69, hrsg.：von Peter Trawny, Frankfun am Main, 2/2012, S. 47.

② "制作性"与"世界犹太人"完全是一回事儿的这种断言，会完全无视，比如关于恩斯特·荣格对"全民动员"或者"工人的形象"的理解的整个讨论。更重要的是，在考虑海德格尔对科技的思考的生成过程时，人们会不可避免地同时思考反犹太主义的宿怨（Ressenment）。

作性"追求犹太人同国家社会主义者的战争冲突,而这个冲突仅仅围着"无目的性"来回转。这个思想并不能抹杀下述事实:在这一点上,"锡安纪要"的反犹主义对海德格尔的思想产生了影响。当海德格尔写道"在美国主义中,虚无主义"达到了"它的顶峰"的时候,这时这个冲突的任何可能的解决办法,都无法阻止这种虚无主义了。①

在这里,存在史上的反犹太主义的问题就呈现出来了。存在史上的叙事的某些因素,是否从一开始就包含了一种特定的角色?比如,"美国主义"除了"是制作性的'无品(Unwesens)'的设施"之外,就不可能是别的什么了吗? 并且因此"所有的令人毛骨悚然的东西(Grauenhafte)都在美国主义里"吗?② 同样,由于"美国主义"不认识"开端",由于它是追求"巨大的商务"的英国的后代(参见本文第89页注③),于是,存在史本身就不是反犹的了吗?

────────────

① 参见 Dun Diner, *Feindbild Amerika*, *Über die Beständigkeit eines Ressentiments*(《作为敌人形象的美国:关于一种难以消除的怨恨》),Propyläen Verlag;München,2002,S. 33。在那里我们可以读到:"从某种角度看,反美主义甚至可以被理解为,是从反犹太主义发展出来的仇犹情绪的世界化的一个新阶段。"在《思索(十三)》的某处,海德格尔谈到,"英美世界的、被道德掩饰起来的商业性的公正性逻辑(Rechenhaftigkeit)"( Martin Heidegger, "Überlegunge XⅢ", in. : *Überlegungen* XⅡ-XV, *Gesamtausgabe*, band 96, hrsg. : von Peter Trawny, Frankfurt am Main, 2014, S. 50)。在我们现在讨论的语境中,也许可以而且应该把这个说法理解为是存在历史上的反犹主义的表达。

② Martin Heidegger, *Metaphysik und Nihilismus*. "1. Die Ueberwindung der Metaphysik. 2. Das Wesen des Nihilismus"(《形而上学与虚无主义:1. 对形而上学的克服。2. 虚无主义的本质》), *Gesamtausgabe*, band 67, hrsg. :von Hans-Joachim Fnedrich, Frankfut am Msin, 1999, S. 150.

# 跋

《我对"黑皮书事件"的态度——彼特·特拉夫尼〈海德格尔与犹太世界阴谋的神话〉读记》完稿的时间是 2015 年 8 月 14 日。到 11 月"清样"校对完毕。12 月,我得到的消息是连书面的黑布封皮都挑选好了。心想,2016 年开年至少第一季度出书,不会有问题。结果,一拖两年半。《西学中的夜行》在一个最有影响的出版社也是一拖两年。[①] 说什么原因都已不重要。即便我的书不属时效性的,压上两年,在我,总是一种伤痛。"锦瑟无端五十弦,一弦一柱思华年",李商隐的"一弦一柱"尚且"珠有泪、玉生烟",我遭遇的岂止"五十弦"!好在生性迟钝,尤其不在过往上纠结。压就压吧。该做的事还得做,路总是要往前走的。

---

① 后由牛津大学(香港)出版社出版。感谢林道群先生。

大概是思维连贯性所致,2015 年 11 月恰因孙周兴先生主持一个"技术哲学"会议的要求,我接着写了《"技术统治时代"意味着什么?》。[①] 它与《我对"黑皮书事件"的态度》两文,成为我学术生涯走出学术体制的标志。1980 年突然进来,2015 年突然出去。35 年成了我在学术体制中学习工作的"公职"时间。其实我始终不属体制中人。我做的不是"学问",是"问题",即逆西学而夜行——"你是世界的光,我却在黑暗里走"。

2016 年,发现人算命算不如天算,西方密钥遭了天算。所谓"密钥"是指柏拉图"计算本相论"和亚里士多德"制作实体论"始作俑者之形而上学构建"以论治史"的各种"论",即功能性强力意志用"自然理性"技术物化作动力的"进化论"为人立法、为自然立法,今天进化到"人工智能"突然彰显为彻底去人化之"末世论"。它像一道闪电,照亮了西方哲学史即进化论史的"开端即没落"——"始作俑者其无后乎"!西方何以至此? 把西方历史摆到面前则一目了然:

古希腊第一次启蒙(公元前 4 世纪):

"功能主义":标志"自然"对"文化"的启蒙("人是政治动物")

---

① 《北京大学学报》哲学社会科学版 2017 年第 2 期刊发。感谢郑圆先生。

（中世纪基督教一千年）

英国第二次启蒙（公元 17 世纪）：

"资本主义"：标志"物欲"对"神性"的启蒙（"人是机器"）

美国第三次启蒙（公元 21 世纪）：

"科学主义"：标志"物性"对"人性"的启蒙（"人是

基本粒子聚合物"）

这就是西方历史主流。其开端的希腊精神"德性即知识"
就是"自然理性"的功能技术物化地"以用代体"，必然走上将人
连根拔起的去人化末路。"罗马俱乐部"早就警告：微机时代的
微机是以人先行微机化为前提的。从古希腊开始，西方人就是
一步一步"功能人"、（千年压成"原罪式人性恶"）、"功利人"、
"单子人"、"机器人"地走向"进化论即末世论"。

2017 年 11 月，在北京大学讲了《知其白守其黑——"以
史正论"审视"以论治史"》，作为小结告一段落。

我的自学经历是从马克思"历史唯物主义"开始的，先到
其源头德国新古典时期①"观念哲学"集大成的黑格尔"绝对

---

①  历来把康德到黑格尔的哲学叫"德国古典哲学"，于是造成两个
误解：(1)以为德国古典哲学的"古典"与古希腊的"古典"同畴同义，甚
至纳入"古典学"范围；(2)在中国尤其相信德国古典哲学是最能承接古
希腊开创的"形而上学"传统而"集大成者"，由此掩盖德国哲学在西方
的"边缘"地位。到近年我才发现这两点全错了。德国人自己错起，我们
跟着错。其中缘由关乎对西方哲学史的根本看法，暂存而不论。

观念"，再回溯谢林、费希特到康德"不可知物自体"。第一次
获得的问题：以"自在之物"与"二律背反"为上下界限的"先
验观念"怎么可能"为自然立法"而完成"哥白尼革命"？黑格
尔似乎回答了，但在马克思那里为什么又颠倒为"历史唯物
主义"——将理论与实践结合起来的唯生产力"劳动二重性"
创造了与之相应的"社会形态"，最后消灭私有制进入"共产
主义社会"完成"史前史"？现实的回答成为反讽，倒是"历史
终结"了，胜利的却是"资本精神"及其"技术理性"。这是我
进入体制前的问题。①

　　进入体制后必须按体制正儿八经做"西哲"。可我还是
自学按自己的问题走。先经过新康德主义类型的"意识内在
性"极致胡塞尔"现象学"，再转到海德格尔"存在哲学"。一
本小册子点拨了心路：胡塞尔从布伦坦诺那里接过了"意识
意向性"，海德格尔却从布伦坦诺那里接过了亚里士多德的
"存在者多样性"。又一轮意识转向存在的下行运动，让我能
集中注意："存在者多样性"是"能同一的多样性"，还是"不能
同一的多元性"？以论观之，则是"形而上学本体论"，还是

--------

①　理解马克思"历史唯物主义的三重身份"是近十年的事。"历史
唯物主义"基本属于西方形而上学知识论，特别表现在把人生产力化，而
生产力中另两个元素又分明属于科学技术范畴，因而使得历史唯物主义
终究走上的是西方技术物化的自然主义路线。其文化因素表现在"生产
关系"上，犹太人的"弥赛亚主义"是虚的，而欧洲被中世纪千年压抑的
"原罪式人性恶"导致的个人单子化则是实的，故欧洲不可能爆发真正的
社会主义革命。连"怀疑大师"马克思都陷入"欧洲人／犹太人"的二重
性遮蔽中。

"虚无主义"(其实两者同样是形而上学:尼采明智断定"柏拉图主义就是颠倒的虚无主义")？海德格尔早期提交的答案趋近临界:"*存在者与存在的本体论差异*"即"*非同一性差异*",中期表现为语言道说的"*显隐二重性*",最后又表现为存在运作的敞开–遮蔽、敞开即遮蔽的"*显隐二重奏*"。孰是孰非？这是我的第二个问题。

这才藉助海德格尔的"回归步伐"回归到古希腊"前苏格拉底",即"早期希腊"(交界"古希腊")。海德格尔"形而上学史是遗忘存在的历史"一路成为我的"拐杖",并从中归结出"偶在论谱系"。所谓"逆向而夜行"就是一路回溯"检测防御"直到古希腊形而上学开端——海德格尔为什么说"开端即没落"？第三个问题留下了。

前两个问题都记在《重审形而上学的语言之维》①、《西学中的夜行》、《偶在论谱系》中。第三个问题一直悬着,2016 年发现西方密钥遭天算才获得合理的展示描述。

世纪末交界,施特劳斯进入中国后,②我第二次重返古希

---

① 参见我与陈家琪先生合著的《形而上学的巴比伦塔》,"上篇"是家琪写的,下篇"重申形而上学的语言之维"是我写的。1989 年完稿,1992 年才由华中工业大学出版社出版。2004 年同济大学出版社再版。

② 两个犹太人对西方哲学史表现出独特的姿态值得一提:为了改变西方哲学的纯粹抽象性,现代施特劳斯把哲学的本质看作"政治哲学",以柏拉图(对话篇)作为开端;无独有偶,早在 19 世纪马克思就已把哲学的本质看作"政治经济学",以黑格尔(劳动辩证法)作为开端。他们对西方思想的影响:马克思是根本而激进并开创一个时代,(转下页注)

腊,形成海德格尔与施特劳斯两种"回归解释学"比较。根据我对"犹太人问题"的关注,我不相信犹太人施特劳斯真的"从耶路撒冷走向雅典"。① 后来证实,他晚年自己在"我们为什么仍然还是犹太人"的演讲中陈述:"始终没有离开自己的土地与血。"所以,施特劳斯的柏拉图研究始终存有一个"不可解决的问题",令我"怦然心动"。尽管施特劳斯以"隐微"著称于政治哲学史,但他关注选择的却是柏拉图"对话篇",即相对柏拉图哲学密宗的"本相论",它分明是"显白(摆)"著的谈论,或不如说收集整理的"谈资"。海德格尔的古希腊研究,特别是对"前苏格拉底"的阿那克西曼德、赫拉克利特、巴门尼德等人的"残篇解读",都力图从古希腊语生成着的显隐二重性探微深层隐性的意义之源。伯纳德特的说法(指责海氏只重"存在"而不问"城邦政治")有点不明就里,或者说,只知其一不知其二。政治哲学中的立法者哲学王,该由谁来检测防御他的为人立法、

---

(接上页注)施特劳斯则温和得太多,仅想用古典原因矫正现代结果的偏离。奇怪的是,两者对中国影响比对西方更有过之无不及。中国对西方的接受其实始终是有中介的,就现代而言,中国没人接过英国罗素的"逻辑实证论",美国杜威主义仅胡适一人,还减半:虽实用但无实用的逻辑分析手段。但接过马克思的却是一个政党并领导中国。接过施特劳斯的诚然已是一个实力学派了。记实为言。

　　①　犹太人没有受西方"启蒙"思想蒙蔽,他们的文士就凭一本《托拉》凝聚民族精神自我认同。对每一个犹太人来说,不管他身在何处,耶路撒冷神庙就在他们的脚步中,遂使犹太民族能化零为整。犹太人可成为中国人的一面镜子。当然,即将到来的未来,中国人也会成为犹太人的一面镜子。

为自然立法之"论"？连"一神论"的"一"都不过是"一个民族"的"一"，算计而已，何况从来都是坍塌的人为构建之形而上学"本体论"。哪里找虚无主义？形而上学本体论就是虚无主义根源，一个铜板的两面。顺带说一句，把"德性"功能化、强力化的西方究竟有何"伦理道德"可言？以"技术物化"最终到"人工智能"为旨归的整个"去人化"西方历史就是证明。

海德格尔的问题在于，他是西方人且身陷西方而"力图将形而上学带向其边缘状态"。这"边缘状态"也不过就是从西方内部接近边缘的"边缘状态"。其受制于西方范畴是可想而知的。比如他在"黑皮书"中谈到英美的商业与技术理性的"无根世界性"与德国的"本土性"对举，仍然着眼于地中海希腊以西的西欧文明板块，虽然其中对"技术"的"无根性"追问独具一格。仅此技术的"无根世界性"，对后人的启发则无与伦比。

现在看来，海德格尔局限最明显的标志尤其表现在，从成名到死都不能摆脱"形而上学语言思维"，例如"存在"打下的印记，自始至终作为一个西方人"只知其有不知其无"。尽管"存在"与"存在者"区分着，也仍然是一个"地平线"上下的妥协姿态（"存在是运动着的敞开即遮蔽"，就像"质量"转化成了"能量"，仍然守住着"有"）。换句话说，即便翻译过老子几章，思考过"为什么总是存在者在而无反倒不在"，终究下不了决心跨出最后一步，能从"存在者"走向"存在"，却不能再从"存在"走向"无"。①

总而言之，我面对的始终是一个"以用代体"的"异质文明"，归根结底与"以体制用"神性文化与德性文化具有不同的"历史时段"，因而会表现出不同的"历史轮回"。"西方文明"，从最好的意义上说，就像一个"金刚钻头"，能将历史隧道钻到一定深度（"大化无极以致中和"），虽然自己也同归于尽地报废了，但却惊醒了、激活了真正的神性文化与德性文化重归"以体制用"地使人成其为人仁！

我看"四次重述"的四大家：黑格尔与马克思、尼采、海德格尔、施特劳斯，仅在比较中，觉得海德格尔比其他人更能看出西方"形而上学"的"双重遮蔽"。至于形而上学的"本体论同一"表现的两大怪异，则完全是自己体悟出来的：

N. 形而上学本体论，从来没有成立过，自始至终都是失败的，即坍塌的；

M. 形而上学史表现为"本体论"与"虚无主义"两极摇摆，它们其实是"一个铜板的两面"。

原据此拟定"如何重写西方哲学史?"计划，②后来放弃：这是西方自己的思想事务，与我何干。犹太人早就决断了：

--------

① 意识到中国的"无"而仍然坚持"存在"的海德格尔说过，中国人或西方人都只能按照各自的方式解救自己。这话有一定道理。但在宇宙无极的潜在趋势上，西方本体论或粒子论思想毕竟是到头了。

② 《从古典重新开始》程志敏，张文涛主编，华东师范大学出版社，2015 年 5 月。请参阅"代序：如何重写西方哲学史?"。

"亚里士多德上帝与亚伯拉罕的上帝何干！"。

但有一点是确定无疑的，我能做的只是，把"中国文化"从"西方文明"之"启蒙-西化"绝路中解脱出来，这是一个中国学人应偿还的民族债。但这已是《中国大文化革命书》的内容了。

墨哲兰识

2018 年 1 月 10 日　海甸岛

**图书在版编目（CIP）数据**

我对《黑皮书》事件的态度/墨哲兰著. --上海：
华东师范大学出版社,2018

ISBN 978-7-5675-7637-7

Ⅰ.①我… Ⅱ.①墨… Ⅲ.①海德格尔（Heidegger,
Martin 1889—1976）—哲学思想—研究 Ⅳ.①B516.54

中国版本图书馆 CIP 数据核字（2019）第 000606 号

华东师范大学出版社六点分社

企划人 倪为国

六点评论

**我对《黑皮书》事件的态度**

著 者 墨哲兰
责任编辑 倪为国
封面设计 卢晓红

出版发行 华东师范大学出版社
社 址 上海市中山北路 3663 号 邮编 200062
网 址 www.ecnupress.com.cn
电 话 021－60821666 行政传真 021－62572105
客服电话 021－62865537 门市（邮购）电话 021－62869887
地 址 上海市中山北路 3663 号华东师范大学校内先锋路口
网 店 http://hdsdcbs.tmall.com

印 刷 者 上海盛隆印务有限公司
开 本 889×1194 1/32
印 张 6.5
字 数 100 千字
版 次 2019 年 1 月第 1 版
印 次 2019 年 1 月第 1 次
书 号 ISBN 978-7-5675-7637-7/B·1127
定 价 58.00 元

出 版 人 王 焰